CADA DÍA
CONTIGO

100 devocionales para
tu caminar con Dios

Jaime Fernández Garrido

CADA DÍA CONTIGO

100 devocionales para
tu caminar con Dios

Jaime Fernández Garrido

B&H
ESPAÑOL
BRENTWOOD, TENNESSEE

Cada día contigo: 100 devocionales para tu caminar con Dios

Copyright © 2023 por Jaime Fernández Garrido
Todos los derechos reservados.
Derechos internacionales registrados.

B&H Publishing Group
Brentwood, TN 37027

Diseño de portada: Jairo Ampudia y B&H Español

Director editorial: Giancarlo Montemayor
Editor de proyectos: Joel Rosario
Coordinadora de proyectos: Cristina O'Shee

Clasificación Decimal Dewey: 242.2

Clasifíquese: MEDITACIONES \ LITERATURA DEVOCIONAL \
ORACIONES

A menos que se indique de otra manera, las citas bíblicas marcadas NVI
se tomaron de La Santa Biblia, Nueva Versión Internacional®, © 1999 por
Biblica, Inc.®. Usadas con permiso. Todos los derechos reservados.

Las citas bíblicas marcadas NBLA se tomaron de la Nueva Biblia de las
Américas (NBLA), Copyright © 2005 por The Lockman Foundation. Usadas
con permiso.

Las citas bíblicas marcadas RVR1960 se tomaron de la versión
Reina-Valera 1960® © 1960 por Sociedades Bíblicas en América Latina;
© renovado 1988 Sociedades Bíblicas Unidas. Usadas con permiso.
Reina-Valera 1960® es una marca registrada de las Sociedades Bíblicas
Unidas y puede ser usada solo bajo licencia.

ISBN: 978-1-0877-7849-5

Impreso en EE. UU.
1 2 3 4 5 * 26 25 24 23

DEDICADO A

Mirna, Baltazar, Mateos y Michelle: su amistad es un regalo de Dios desde hace muchos años. Mi querido amigo Baltazar, tú fuiste el primero en animarme a escribir historias contando todo lo que el Señor puede hacer en nuestras vidas, ¿recuerdas? ¡Siempre están en nuestro corazón!

Edmilson, Simeia e hijas, por su cariño y amistad desde hace tanto tiempo. Edmilson, esa idea tuya de colocar las historias en Instagram fue la semilla que Dios usó para que saliera a la luz este libro. ¡Los queremos mucho!

Pilar Justo, tu trabajo como editora va mucho más allá de lo que está escrito (nunca mejor dicho). Tu amor por el Señor, y la necesidad de aplicarlo de una manera excelente en todo lo que hacemos, son un ejemplo para mí.

David y Tracy Siddons, nunca olviden que son parte de nuestra familia. El Señor los ha puesto en nuestro camino para que disfrutemos siempre junto a Él. Sus oraciones por nosotros son un regalo del cielo.

Robinho y Paloma, gracias por su amistad, fidelidad y amor en el Señor Jesús. Oramos siempre por ustedes.

VENDAS PARA TUS TRISTEZAS

Restaura a los de corazón quebrantado y cubre con vendas sus heridas. (Salmo 147:3)

Todos pasamos momentos difíciles en la vida y, a veces, cuando sufrimos, nos alejamos de Dios. Normalmente, lo primero que pensamos es que estamos sufriendo porque hemos hecho algo malo y por eso Dios nos ha abandonado. Pero no es así.

Recuerda que el mismo Señor Jesús es presentado por el profeta Isaías como alguien «experimentado en aflicción» (Isaías 53), así que no solo comprende todo aquello por lo que estamos pasando, sino que mucho más allá de todo eso, el mismo profeta nos explica que: «En todas sus angustias Él estuvo afligido» (Isaías 63:9, NBLA), de tal manera que lo mejor que podemos hacer cuando estamos pasando por momentos difíciles es acercarnos a quien más nos ama y nos cuida, porque Dios no nos abandona nunca.

Lo mejor que puedes hacer cuando estás sufriendo es descansar en los brazos de tu Padre celestial. Y en cuanto a las circunstancias por las que estás pasando, lo mejor es dejarlas en Sus manos, porque Él tiene poder para llevar todas nuestras cargas.

Recuerda: ningún sufrimiento tiene vida eterna.

Lee el Salmo 147:1-6.

Padre nuestro que estás en los cielos, entrego toda mi vida en tus manos, te entrego mi sufrimiento y todo aquello que no puedo comprender. Descanso en ti.

BUSCAR A DIOS,
UNA POSTURA INTELIGENTE

Desde el cielo el Señor contempla a los mortales,
para ver si hay alguien que sea sensato y busque a Dios.
(Salmo 14:2)

En el Salmo 14 hay una frase que dice que Dios nos mira para ver si hay personas que lo buscan. Lo que nos llama la atención es que añade un calificativo para esa persona y es alguien *inteligente* (sensato).

A veces pensamos que la razón no puede acercarnos a Dios, pero sí lo hace. Cuando contemplamos el universo y estudiamos su funcionamiento, derivado de un diseño absolutamente inteligente de todas las leyes, sabemos que alguien lo creó y nuestra razón nos recuerda que Dios está ahí. No podemos dejar de asombrarnos por Su sabiduría y por todo lo que Él ha hecho.

Dios sigue buscando gente que piense, razone y decida entregar toda su vida a Él, porque cuando conocemos al Creador nuestra vida también tiene sentido. La decisión de conocer al Señor es para personas sensatas e inteligentes. Gente que sabe examinarlo todo y quedarse con lo mejor.

Lee el Salmo 14.

Padre nuestro que estás en los cielos, ayúdame a conocerte mejor cada día.

SEGURIDAD ABSOLUTA

Para que sepas la verdad precisa acerca de las cosas
que te han sido enseñadas.
(Lucas 1:4, NBLA)

Cuando Lucas escribe el Evangelio dedicado a su amigo Teófilo, le dice: «Para que sepas la verdad precisa acerca de las cosas que te han sido enseñadas». Ese era el objetivo del historiador, y esa es la gran diferencia entre el cristianismo y cualquier otra creencia.

Todas las religiones se basan en conjeturas, ideas, presuposiciones, cosas que alguien dijo o pretendió hacer. Cuando hablamos de Jesús, todos los hechos y los detalles son rigurosamente históricos. Esa es la razón por la que Lucas va explicando todas las circunstancias, para que tengamos seguridad completa, porque no se trata de algo que alguien ha dicho, sino del Hijo de Dios que vino a este mundo para morir por nosotros y resucitar para regalarnos la vida.

Por eso, Lucas, más que ningún otro evangelista, menciona las pruebas de la resurrección de Jesús; quiere que sepamos que seguimos al vencedor, al resucitado, para que tengamos una seguridad completa.

Lee Lucas 1:1-4.

Señor Jesús, gracias por morir por mí y resucitar por mí. Te entrego mi vida, desde hoy y para siempre.

¡ÁNIMO! ¡LEVÁNTATE!
¡ÉL TE LLAMA!

Jesús se detuvo y dijo: Llámenlo. Y llamaron al ciego,
diciéndole: ¡Anímate! Levántate, que te llama.
(Marcos 10:49, NBLA)

Muchas veces nos preguntamos qué podemos hacer para ayudar a alguien que está sufriendo. Hay una historia muy bonita en el Evangelio según Marcos en la que el Señor Jesús se acerca a un ciego y los discípulos le dicen al mendigo: «¡Ánimo! ¡Levántate! Jesús te llama».

Tres pasos muy simples, pero cruciales para que Dios restaure a una persona. Pasos que nosotros podemos explicar a todos los que lo necesiten. El primero es pedirles que no se desanimen, porque hay solución a cualquier problema por el que estemos pasando. Jamás debemos caer en la desesperación. El segundo es ayudarles a que se levanten, devolverles la dignidad que Dios les ha dado, porque todas las personas tienen valor delante de Él. El tercero es llevarlos a Jesús: Él está llamando a todos a seguirle y Él puede transformar la vida de cualquiera.

Cuando alguien sigue estos tres pasos tan sencillos y se pone en las manos del Señor (como hizo el ciego), todo cambia.

Así que, ¡ánimo! ¡Levántate! Jesús te está llamando.

Lee Marcos 10:46-52.

Padre Nuestro, enséñame a ayudar a quien lo necesita, a levantarlo y llevarlo a Jesús.

NO TENGO REMEDIO

Él restaura mi alma. (Salmo 23:3, NBLA)

A veces nos alejamos de Dios porque pensamos que ya no tenemos remedio; hemos sido perdonados tantas veces y en tantas ocasiones diferentes, que nosotros mismos creemos y, en cierta manera también las personas que nos conocen, que ya no hay nada que hacer. No tenemos remedio.

Resulta curioso que seamos capaces de perdonar a otras personas, incluso de olvidarnos de determinadas circunstancias que han ocurrido en nuestra vida, pero no sabemos perdonarnos a nosotros mismos debido a que no comprendemos que la gracia de Dios es ilimitada, Su perdón es infinito.

Él es el único capaz de fortalecer nuestro corazón, por eso, cuando David dice que Dios restaura nuestra alma, se refiere precisamente a eso, a que podemos sentirnos completamente perdonados.

Este es el momento de volver a tu Padre celestial y descansar en Su perdón.

Lee el Salmo 23.

Padre nuestro que estás en los cielos, recibo tu gracia y tu perdón. Gracias por restaurar mi alma por completo.

TÚ PUEDES VENCERLO

El pecado yace a la puerta y te codicia,
pero tú debes dominarlo. (Génesis 4:7, NBLA)

Todos conocemos la historia de Caín y Abel, pero lo que muy pocos recuerdan es lo que Dios le dijo a Caín antes de que asesinara a su hermano: «El mal está buscando la oportunidad de dominarte, pero tú puedes vencerlo».

Tenemos que recordar siempre esa frase, porque a veces enfrentamos luchas y tentaciones, e incluso batallas dentro de nosotros mismos contra el odio, la mentira, la amargura, la envidia, el orgullo, la desconfianza...; en otras ocasiones, nuestras luchas son contra agentes externos, como sustancias que nos dominan (el alcohol, las drogas, los alimentos que nos hacen daño, etc.) o tentaciones a las que creemos que no podemos vencer. ¡No es así! Tenemos la posibilidad de decir: «No». Dios nos dio el poder para decirlo. El mal está ahí, a la puerta, pero nosotros podemos vencerlo.

Tenemos que seguir adelante intentando no caer y, siempre que se presenten esas tentaciones, decirles: «¡No!».

Lee Génesis 4:1-8.

Dios todopoderoso, gracias por darme el poder para vencer el mal. Te pido que tu Espíritu me llene y me ayude a decir «¡No!» a aquello que sea contrario a tu voluntad.

NO HAY LUGAR

Y dio a luz a su Hijo primogénito;
lo envolvió en pañales y lo acostó en un pesebre,
porque no había lugar para ellos en el mesón.
(Lucas 2:7, NBLA)

Cuando José y María viajaban a empadronarse en Belén y ella estaba a punto de dar a luz, la Biblia dice que «no había lugar para ellos en el mesón», así que el Mesías tuvo que nacer en un establo.

La construcción de la frase nos enseña que quizá sí había lugar para alguien con más medios o más dinero, pero no para ellos, porque eran pobres y desconocidos. Dios quiso que Su Hijo naciera de esa manera y pasara los primeros momentos de Su vida acostado en un pesebre. Pero no todo quedó ahí: Jesús vivió siempre al lado de los despreciados y de los que no tenían nada.

El mayor problema de la humanidad sigue siendo el mismo: no hay lugar para el Hijo de Dios. A pesar de que Él nos lo da todo e incluso nos regaló la vida, muchos siguen dándole la espalda. Por eso, la mejor decisión que podemos tomar, no solo en estos días, sino para toda nuestra vida, es decirle al Señor Jesús: «Sí, hay un lugar para ti y es mi corazón, mi vida. Mi casa siempre estará abierta para ti».

Lee Lucas 2:1-7.

Señor Jesús, entra en mi vida y ocupa el lugar que te pertenece. Todo lo que tengo es tuyo. Soy tuyo para siempre.

CUANDO CREEMOS
QUE LO TENEMOS TODO

Efraín dice con jactancia: "¡Cómo me he enriquecido!
¡He amasado una gran fortuna! En todas mis ganancias
no encontrarán que haya pecado en algo".
(Oseas 12:8)

A veces nos sentimos orgullosos de lo que hacemos y de lo buenos que somos. El pueblo de Dios vivía de esa manera, tanto que le reprocharon a Dios: «En todas mis ganancias no encontrarán que haya pecado en algo». Con estas palabras le estaban diciendo a Dios que vivían una vida santa, que hacen todo bien e incluso que lo que tienen económicamente ha sido bien ganado.

La sorpresa para ellos (y para nosotros, si creemos que estamos en la misma situación) es que Dios les responde: «Haré que vuelvas a vivir en carpas, como en los días de nuestro encuentro en el desierto» (v.9). Dios no quiere lo que hacemos o tenemos, ¡nos quiere a nosotros!

Quizá hemos ganado muchas cosas, tenemos muchas comodidades y todo va muy bien. Pero nos hemos olvidado de estar con Dios y de disfrutar con Él; así que, quizá tengamos que volver al desierto para abrazar a Dios. Tendremos que abandonar gran parte de lo que tenemos y volver a vivir en *tiendas de campaña* para encontrarnos con el Señor. Entonces seremos mucho más felices. Porque no son las cosas las que nos dan la felicidad, sino la presencia de Dios. Aunque sea en medio del desierto.

Lee Oseas 12:7-14.

Padre amado, quiero volver a ti. Le he dado demasiada importancia a las cosas y lo único que me importa eres tú.

MATAR AL AUTOR DE LA VIDA

Mataron al autor de la vida, pero Dios lo levantó
de entre los muertos, y de eso nosotros somos testigos.
(Hechos 3:15)

En el libro de los Hechos, capítulo tres, Pedro pronuncia una frase absolutamente genial: «Mataron al autor de la vida, pero Dios lo levantó de entre los muertos». Es una contradicción inmensa, porque habla de quitarle la vida a quien nos la regaló, Cristo, el autor de la vida; y de repente, Pedro profiere otra frase: «Pero Dios lo levantó de entre los muertos».

Me encantan los «peros» que Dios introduce en la vida, no solo en ese momento clave en la historia, sino también en nuestro día a día. A veces parece que vivimos una situación imposible y, de repente, Dios coloca un «pero» y lo transforma todo, porque Él siempre tiene la última palabra. Por eso, tenemos que aprender a confiar en Él, pase lo que pase.

Recuerda que cuando Dios pone un «pero» en cualquier situación, es porque va a cambiarlo todo. No son las circunstancias ni nuestros enemigos los que controlan lo que sucede, sino Aquel que cuando algo parece imposible dice: «Pero...».

Lee Hechos 3:11-16.

Padre nuestro que estás en los cielos, muchas gracias porque toda mi vida está en tus manos. Gracias por cuidarme siempre. ¡Descanso en ti!

NADIE PUEDE DESPRECIARME

Esto —decía ella— es obra del Señor,
que ahora ha mostrado su bondad al quitarme
la vergüenza que yo tenía ante los demás. (Lucas 1:25)

Cuando a Elisabeth le anunciaron que iba a tener un hijo, algo que para ella era absolutamente imposible, les expresó a todos algo como esto: «Dios ha hecho esto para que la gente no me desprecie». Ella sabía que ese hijo era un regalo del Señor. Pero también que de esa manera, Dios estaba quitando toda su vergüenza ante quienes podían acusarla.

Esa frase nos enseña que Dios se preocupa por nosotros cuando nos sentimos despreciados por lo que otras personas dicen o por las circunstancias; incluso cuando nosotros mismos estamos avergonzados porque le damos demasiado valor a las acusaciones de otras personas.

Tenemos que dejar de prestar atención a los demás y comenzar a poner toda nuestra vergüenza en las manos del Señor, porque Él puede darle la vuelta a toda circunstancia. Dios puede hacer un milagro en nuestra vida cuando menos lo esperamos. Deja que el Señor te abrace y olvídate de lo que otras personas dicen o puedan decir, porque el valor que tienes para Él es extraordinario.

Lee Lucas 1:11-23.

Señor Jesús, ayúdame a ver el valor que tengo para ti. Contigo a mi lado no importa lo que los demás digan, ¡incluso si quieren despreciarme!

¡NO TE BURLES!

Entonces empezaron a burlarse de [Jesús] (Marcos 5:40)

El evangelista Marcos explica que cuando Jesús llegó a la casa de Jairo para sanar a su hija, les dijo: «No está muerta, simplemente está dormida». Es obvio que muchos comenzaron a burlarse de Él, porque sabían que la adolescente había fallecido. Sin embargo, esta escena debe impresionarnos, porque todos los que venían con el Salvador lo habían visto hacer muchos milagros, por lo que debían haber confiado en Él. Sin embargo, simplemente se burlaron.

Pero no debemos juzgarlos demasiado rápido. Nosotros no somos mejores que ellos. A veces podemos caer en la tentación de burlarnos del Señor, a pesar de haber visto todo lo que Él ha hecho por nosotros, incluso aunque asistimos a la iglesia y leemos Su Palabra. Si no somos capaces de comprender todo lo que Él puede y quiere hacer, corremos el riesgo de derrumbarnos ante cualquier situación difícil que tengamos que enfrentar.

Es mejor entregarnos completamente en las manos del Señor y jamás burlarnos de Él. Debemos esperar siempre, esperar a que Él haga lo que parece imposible.

Lee Marcos 5:35-43.

Señor Jesús, creo en ti. No puedo hacer nada en la situación en la que estoy actualmente, pero sé que tú tienes poder para hacer lo mejor. Confío en ti.

APRENDER A DESCANSAR

Al llegar el séptimo día, Dios descansó porque había terminado la obra que había emprendido. (Génesis 2:2)

Vivimos en una sociedad que adora la actividad y que mide su éxito según los logros alcanzados. Correr de un lugar a otro parece ser nuestro destino, y esa es la razón por la que jamás nos sentimos satisfechos. No sabemos descansar.

Dios creó al ser humano el sexto día, y lo primero que aprendió el hombre del carácter de su Creador fue que tenía que descansar. Nuestra rebeldía contra Dios nos ha marcado de tal manera que eso es siempre lo que más nos cuesta: no sabemos descansar en nuestra relación con nosotros mismos, con los demás, con la naturaleza y mucho menos con Dios.

¿Verdad que es lo que más nos cuesta?

El pecado se introduce en nosotros y nos quita la paz, el descanso, la confianza en Dios; no nos deja descansar ni física ni espiritualmente. Por eso, el escritor de la carta a los Hebreos, en el capítulo cuatro, enseña que tenemos que *esforzarnos* en descansar. Es lo más difícil para nosotros:

aprender que tenemos que confiar en Dios y descansar, suceda lo que suceda.

Lee Génesis 2:1-4.

Padre nuestro que estás en los cielos, descanso en ti. Voy a apartar un tiempo para descansar y estar contigo.

TODOS EVITAMOS MIRARLO

Varón de dolores, hecho para el sufrimiento.
Todos evitaban mirarlo; fue despreciado,
y no lo estimamos. (Isaías 53:3)

Cada vez que leo el capítulo 53 de Isaías no puedo evitar detenerme al leer esta frase: «Todos evitaban mirarlo». Nadie quería elevar su mirada a la cruz para ver al Salvador crucificado y maldito por todos. Ni siquiera querían dirigirle la mirada, porque lo habían despreciado de tal manera que no lo tenían en cuenta.

Cuando era adolescente, escuché una canción titulada *Were you there?* que me golpeó el corazón de tal manera que jamás la olvidé.

¿Estabas allí cuando crucificaron a mi Señor?
¿Estabas allí cuando lo clavaron en la cruz?

Y en el estribillo se repetía una y otra vez:

Al ver eso, tiemblo, tiemblo, tiemblo…

Nos impresiona que Jesús, Dios hecho hombre, haya entregado Su vida por nosotros y sido capaz de llevar todo nuestro dolor y derramar hasta la última gota de Su sangre por nosotros. Pero me sorprende más que muchos lo desprecien, que eviten incluso mirarlo.

Esa es la gran paradoja de la historia: que la mayor alegría y salvación hayan nacido del dolor más profundo, el de Cristo, el Hijo de Dios; y cuando lo vemos no podemos dejar de llorar y temblar. Él nos regala una gracia imposible de definir y de la que siempre podemos disfrutar. Por eso lo amamos con todo nuestro corazón.

Lee Isaías 53:2-12.

Señor Jesús, te amo con todo mi ser. Gracias por siempre regalarme tu amor y compañía. ¡Eres lo mejor de mi vida!

SI QUIERES, PUEDES

—Señor, si quieres, puedes limpiarme —le dijo.
Jesús extendió la mano y tocó al hombre.
—Sí, quiero —le dijo—. ¡Queda limpio! (Mateo 8:2-3)

Un leproso se acercó al Señor y le dijo algo muy sencillo: «Si quieres, puedes sanarme». Tengo que reconocer que es una de las personas a las que más admiro en el relato del Evangelio de Mateo, porque al ver al Salvador comprendió más de lo que nosotros muchas veces entendemos. Supo que Dios podía sanarlo, que Jesús podía restaurar su vida; pero simplemente le dijo: «Si quieres hacerlo».

Es cierto que en muchas ocasiones necesitamos que Dios haga un auténtico milagro en nuestra vida. A veces nos sentimos desesperados y solemos orar aguardando lo imposible, pero siempre deberíamos preguntarle: «¿Es tu voluntad hacerlo?», «¿Quieres que sea sano?», «¿Quieres concederme lo que te estoy pidiendo?», «¿Quieres que esta situación se resuelva de esta manera?».

Esa es la clave en nuestra relación con el Señor y lo único que fortalece nuestra vida y nuestra fe. Decirle al Salvador: «Sé que puedes hacerlo, tienes el poder para ello y estoy dispuesto si es que quieres hacerlo; lo más importante para mí es tu voluntad, tus deseos. Lo que tú decidas será lo mejor».

Si quieres, hazlo.

Lee Mateo 8:1-4.

Señor Jesús, mira la situación por la que estoy pasando; pon tu mano sobre mí y, si quieres, concédeme lo que te pido. Te amo.

SIN JESÚS, NO HAY NADA

*Les dijo Jesús: —¿No han leído nunca en las Escrituras:
"La piedra que desecharon los constructores ha llegado
a ser la piedra angular; esto es obra del Señor,
y nos deja maravillados"?* (Mateo 21:42)

Jesús habla con los responsables de la religión de Su pueblo para explicarles una profecía del Antiguo Testamento que ellos conocían muy bien. Lo que les dice es que la *piedra* que los constructores del templo rechazaron era Él mismo. Es impresionante que hayan querido construir el templo sin Dios, sin el Señor Jesús; algo tan sencillo como eso fue lo que los religiosos no llegaron a comprender.

¿Lo comprendemos nosotros? Esa es la pregunta más importante porque demasiadas veces, incluso en nuestra vida cristiana, queremos hacer muchas cosas sin darnos cuenta de que la clave de todo es Jesús, que no somos nosotros, ni la misma iglesia, ni las actividades, ni las misiones, ni lo que creemos que podemos hacer, sino Él.

El Señor Jesús lo es todo: la clave, la piedra principal, la razón y el objetivo de nuestra adoración, el principio y el fin de todo; el que merece todo nuestro honor. Si no es así, estaremos intentando construir un templo para Dios, pero en el que Dios no está.

Lee Mateo 21:33-43.

Padre nuestro que estás en los cielos, ayúdanos a vivir amando y honrando al Señor Jesús siempre, ¡sobre todas las cosas!

AQUEL QUE SALE SIEMPRE VICTORIOSO

¿Quién ha hecho venir desde el oriente a aquel que siempre sale victorioso? (Isaías 41:2)

Tengo que reconocer que es una de las definiciones de Dios que más me gustan y que siempre he admirado: «Aquel que siempre sale victorioso».

La vida es complicada y vivimos en un mundo en el que hay muchas situaciones que no solo no podemos controlar, sino que también nos entristecen y nos hacen ver que la injusticia es la que domina casi todo.

A veces tenemos miedo, porque nos vienen encima muchas cosas y no sabemos qué hacer. Por si fuera poco, también nos equivocamos y no sabemos cómo arreglar lo que hemos hecho mal. En esos momentos es cuando debemos llamar a Aquel que siempre sale victorioso. Sea cual sea la situación, Dios sabe qué hacer con ella y cómo cuidarnos.

Unos versículos más adelante Dios mismo responde a Su pueblo y en otras palabras les dice: «No tengas miedo porque yo te cuido siempre, te tengo en mis manos y mi mano es victoriosa. Nunca temas ni te desanimes porque estoy a tu lado».

¿Estás en una situación difícil? ¿Hay algo que no puedes controlar? ¿No sabes lo que va a suceder? Haz venir a Aquel que siempre sale victorioso, porque Él jamás te defraudará.

Lee Isaías 41:1-10.

Señor Dios todopoderoso, gracias por cuidarme, gracias por cuidar a mi familia. Entrego esta situación en tus manos.

LA NECESIDAD DE HACER JUSTICIA

Este es mi siervo, a quien sostengo, mi escogido,
en quien me deleito; sobre él he puesto mi Espíritu,
y llevará justicia a las naciones. (Isaías 42:1)

Cuando el Padre habla de Su Hijo Jesús, lo presenta por medio del profeta Isaías y dice que se deleita en Él porque «llevará justicia a las naciones». Esa es una frase impresionante, porque define la manera en la que Jesús vivió, cómo estuvo siempre al lado de los necesitados, de los que no tenían nada y cómo, cuando vuelva, instaurará un reino justo como nunca se ha visto antes.

Jesús entregó Su vida en una cruz y resucitó para expresar la justicia y el amor de Dios por cada uno de nosotros, pero ese objetivo, aparentemente espiritual, también tiene que ver con ayudar a las personas despreciadas y estar al lado de los que necesitan justicia.

Esa es nuestra misión también si queremos ser siervos de nuestro Padre celestial. Igualmente, el ministerio espiritual se expresa dando a los que no tienen, intentando que el mundo sea más justo, estando al lado de los despreciados y desvalidos, acompañando y sirviendo a quienes lo necesitan.

Cuando es así, Él también nos dice «tú eres mi siervo, mi sierva», porque estamos reflejando Su carácter por medio de Su Espíritu.

Lee Isaías 42:1-4.

Padre nuestro que estás en los cielos, oramos para que venga tu reino y para que nosotros seamos capaces de expresarlo aquí, ayudando a todos los que lo necesitan.

HACERLO CAER EN UNA TRAMPA

*También está escrito: "No pongas a prueba al Señor
tu Dios" —le contestó Jesús.* (Mateo 4:7)

La frase que el Señor Jesús le dice al enemigo como respuesta a una de las tentaciones es impresionante: «No pongas a prueba al Señor». Lo que le está diciendo es «no intentes hacer caer a Dios en una trampa», porque el diablo había usado la misma palabra de Dios para tentar a Jesús. Como si quisiera atraparlo en Sus propias palabras para que no tuviera más opción que obedecerle.

A veces seguimos haciendo lo mismo: queremos usar la Palabra de Dios para hacerlo caer en una trampa; reclamamos lo que dice, pensamos que somos nosotros los que decidimos lo que Dios puede cumplir o no, e incluso, lo que Dios tiene que hacer, según nosotros. Somos capaces de exigir que si Dios es Dios *tiene que*. De esta forma lo tentamos.

Mejor sería que reconociésemos que la Palabra de Dios solo puede ser usada por medio de Su Espíritu para glorificarle a Él y no para nuestro provecho.

Cuando vivimos siguiendo al Señor Jesús, descansamos en Sus promesas y disfrutamos de la fidelidad de Su Palabra. Se trata de lo que dice Él y no de lo que decidimos nosotros. Por eso, jamás debemos hacer caer a Dios en una trampa.

Lee Mateo 4:1-11.

Padre celestial, ayúdame a comprender tu Palabra y a obedecerla siempre; pido que tu Espíritu me guíe para no querer tentarte jamás a hacer lo que yo quiero.

EL MAÑANA SE CUIDARÁ A SÍ MISMO

Por lo tanto, no se angustien por el mañana,
el cual tendrá sus propios afanes.
Cada día tiene ya sus problemas. (Mateo 6:34)

Jesús termina el llamado «Sermón del monte» explicándonos que jamás debemos vivir angustiados, porque todas aquellas cosas que nos preocupan terminan por dominar nuestra mente. Dios quiere que confiemos en Él y no que vivamos siempre angustiados. ¡Él es el mejor Padre que existe y siempre va a cuidarnos!

En muchas ocasiones nos mantenemos en un estado de frustración constante. Pensamos que seremos felices si conseguimos tal o cual cosa; pero, cuando la tenemos, deseamos algo más, porque necesitamos aquella otra cosa y más tarde alguna otra más, de tal manera que jamás llegamos a ser felices. Siempre contamos lo que nos falta y nunca disfrutamos de lo que tenemos.

Nuestro Padre celestial nos ayuda a vivir de una manera completamente diferente, porque nos asegura Su presencia y Su cariño en todo momento. Sabiendo eso, aprendemos a disfrutar de todo lo que Él nos da y comenzamos a ayudar más a las personas que nos rodean. Cuando nos centramos solo en las cosas, aquello que queremos termina por esclavizar nuestra mente.

Lee Mateo 6:25-34.

Padre nuestro que estás en los cielos, gracias por cuidarme siempre. Ayúdame a vencer la preocupación y a aprender a descansar en tus brazos.

¡QUE NO TE AMARGUEN LA VIDA!

Pero los judíos incrédulos incitaron a los gentiles y les amargaron el ánimo contra los hermanos. (Hechos 14:2)

Al leer el libro de los Hechos nos encontramos con situaciones que surgieron en la primera iglesia y, por desgracia, siguen existiendo hoy. Cuando el evangelio comenzó a llegar a más personas, los religiosos amargaban a aquellos que querían vivir siguiendo al Señor.

Es curioso, porque lo mismo sucede hoy, las personas que solo se preocupan por las normas, los modernos fariseos que se quejan de todo, los que siempre nos dicen que todo está mal, los que nos señalan por cualquier cosa, no pueden vivir sin amargarnos la vida. No pueden quitarnos nuestra relación con el Señor, ni nuestra salvación, pero sí amargarnos el ánimo e impedirnos disfrutar con Él… si se los permitimos.

¡No permitas que lo hagan! La vida con el Señor es absolutamente impresionante. Él es auténticamente maravilloso, así que vamos a amarlo con todo lo que somos y a entusiasmarnos con Él con todo nuestro corazón.

¡No vamos a permitir que nadie nos amargue la vida!

Lee Hechos 14:1-7.

Señor Jesús, gracias por todo lo que eres para mí. Quiero vivir siempre contigo, disfrutando de la vida abundante que me regalas, pase lo que pase.

VENGA TU REINO

Padre nuestro que estás en el cielo,
santificado sea tu nombre, venga tu reino...
(Mateo 6:9-10)

A todos nos duele ver cómo está el mundo. Diez millones de niños mueren de hambre cada año, hay muchas situaciones que no podemos comprender, muchas personas causan un dolor absolutamente innecesario, los débiles y despreciados sufren más de lo que podemos imaginar, la injusticia social prevalece. A veces nos gustaría escapar y solemos decir algo muy cierto: «Este mundo no es mi hogar». Pero, entonces, comenzamos a orar y recordamos la frase del llamado *Padre nuestro*, cuando decimos «Venga tu reino», y todo parece cambiar.

Así nos enseñó el Señor a orar, no a decir: «Padre, soy tuyo, sácame de aquí, líbrame de este mundo porque aquí no se hace tu voluntad y este no es mi hogar»; sino «ayúdame para que tu reino se manifieste aquí, para que este mundo te conozca y así sea mejor».

No estamos permanentemente soñando con una vida futura, sino que vivimos luchando y trabajando en el nombre de Dios para que este mundo sea mucho mejor. Para que el reino de Dios venga a nuestra familia, a nuestra sociedad, a nuestro país, a este mundo.

Lee Mateo 6:9-13.

Padre nuestro que estás en los cielos, oro para que venga tu reino. Dame fuerzas para vivir como tú quieres hasta que el Señor Jesús vuelva.

SE ATÓ LA TOALLA

... se levantó de la mesa, se quitó el manto
y se ató una toalla a la cintura. (Juan 13:4)

Juan narra en su Evangelio que la noche en que Jesús fue entregado tomó una toalla y comenzó a lavar los pies de Sus discípulos. Creo que todos conocemos bien la historia. Lo que a veces se nos escapa es esa pequeña frase que explica que Jesús se ató la toalla a la cintura para secar los pies de ellos. Aunque parezca algo muy sencillo, creo que era la manera de enseñarles que la suciedad que había limpiado de los pies de Sus discípulos no había desaparecido, Él la había tomado. Esa es la manera en la que Dios nos perdona siempre.

El profeta Isaías anunció que Jesús tomó nuestras enfermedades, nuestros dolores, nuestros pecados, todo lo que hay en nuestro pasado; todo lo llevó consigo para que nosotros pudiéramos ser perdonados. Su gracia nos llena por completo. No importa lo que hayamos hecho, Él puede perdonarnos. Lo mejor que podemos hacer en este momento es pedirle al Señor Jesús que nos lave, que se lleve sobre Él todo lo que hemos hecho y acaricie nuestro corazón.

Lee Juan 13:1-17.

Señor Jesús, limpia mi corazón, perdóname de acuerdo con tu gracia y tu misericordia, y dame fuerzas y sabiduría para vivir conforme a tu voluntad.

PERFECTAMENTE DOBLADO

*... aunque el sudario no estaba con las vendas,
sino enrollado en un lugar aparte.* (Juan 20:7)

No sé si sabías que, en algunas culturas, cuando estás comiendo en algún lugar solo o con otras personas, si tomas tu servilleta y la arrugas para dejarla encima de la mesa, quiere decir que la comida ha terminado; pero si vas a algún lugar o estás saludando a alguien y vas a volver, dejas la servilleta perfectamente doblada encima de la mesa. Eso quiere decir que la comida va a seguir, que aún no has terminado y vas a volver.

Para mí esto es una ilustración impresionante del momento en el que el Señor Jesús es resucitado: la Biblia nos dice que dejó el sudario perfectamente doblado en la tumba, así como las vendas. Eso es una prueba más de Su resurrección (nadie que hubiera robado el cuerpo se habría preocupado por esos detalles) y también de que va a volver.

Jesús nos está anunciando que no todo ha terminado, que va a volver como Rey de reyes y Señor de señores.

La comida continúa, la invitación sigue en pie, Él no ha terminado Su labor de salvar a las personas y quiere que lo acompañes en una celebración eterna cuando vuelva.

¿Estás esperando que Jesús regrese?

Lee Juan 20:1-9.

Señor Jesús, sé que vas a volver. Te espero. Toma mi vida en tus manos, ahora y siempre.

CUANDO DIOS NOS PREGUNTA

Cuando ustedes ayunaban y se lamentaban [...]
¿realmente ayunaban por mí? (Zacarías 7:5)

Muchas veces intentamos hacer lo mejor para el Señor, pero no siempre lo buscamos a Él. Es difícil de comprender lo que estoy diciendo, porque podemos caer en la tentación de decir y hacer muchas cosas para Dios, pero a nuestra manera, sin pedirle a Él que nos guíe siempre.

De eso habla Zacarías cuando le pregunta al pueblo: «¿Estabas ayunando por mí? ¿Hacías duelo por mí? ¿Realmente hacías todo eso por mí?». A veces queremos hacer muchas cosas para el Señor, pero Él no espera nada de eso en primer lugar; Él nos quiere a nosotros.

El problema es que, incluso, podemos hacer cosas buenas, pero con malas motivaciones, por ejemplo, para que la gente nos vea; así que esas preguntas siempre quedarán ahí. ¿Sabes cuál es la única manera de responderlas? Como hizo David al final del Salmo 139, decirle sinceramente al Señor: «Examíname, prueba mi corazón, mira si hay en él un camino perverso y guíame por el camino eterno».

Lee Zacarías 7:4-10.

Padre nuestro que estás en los cielos, examina mi vida y mi corazón, pruébame para que pueda vivir siempre honrándote a ti.

NUESTRAS BATALLAS DE CADA DÍA

*Él se apoya en la fuerza humana, mientras que
nosotros contamos con el Señor nuestro Dios,
quien nos brinda su ayuda y pelea nuestras batallas.
Al oír las palabras de Ezequías, rey de Judá,
el pueblo se tranquilizó. (2 Crónicas 32:8)*

La frase del rey Ezequías llegó al corazón del pueblo en aquel momento, pero es perfectamente válida para nosotros en el día de hoy. Muchos ya somos del Señor, somos salvos; pero estamos luchando esas pequeñas batallas todos los días.

A veces esas batallas tienen que ver con nuestro carácter, con pequeñas desilusiones, con nuestras relaciones con los demás, con adicciones y malas decisiones, etc. La Biblia nos dice que el Señor lucha con nosotros esas batallas, así que lo mejor que podemos hacer es entregárselas a Él, es decir, no esconderle nada y pedirle sabiduría para tomar buenas decisiones guiados por Su Espíritu.

Debemos recordar siempre que Él no solo nos puede cuidar, sino que quiere ayudarnos a vencer en las batallas de cada día.

Lee 2 Crónicas 32:1-8.

Señor, Dios todopoderoso, no me siento fuerte para luchar con muchas cosas que hay delante de mí. Pelea tú por mí y ayúdame a vencer.

DE NINGÚN MODO

… al que a mí viene, no lo rechazo. (Juan 6:37)

Hay personas que se alejan de Dios voluntariamente, incluso suelen decir: «El tiempo que seguí al Señor fue un tiempo perdido». Quizá tomaron malas decisiones en su vida familiar o personal, incluso podrían estar sufriendo situaciones que son el fruto de las malas decisiones de otras personas. Sufrieron problemas que causaron heridas en su alma y esas heridas los hacen vivir frustrados, desalentados, desanimados.

Si nos alejamos de Dios, del único que puede curar las heridas en nuestro corazón, nos estamos alejando de Aquel que da la vida. Es más, nos alejamos de la vida misma. Este es el momento de volver al Señor, porque Él dijo: «El que a mi viene, no le echo fuera». Lo que en realidad está diciendo es que de ningún modo nos va a rechazar.

Para mí, eso lo dice todo. Podemos volver al Señor para que Él cure nuestras heridas y restaure nuestra alma.

No te alejes de Dios nunca. Hoy es el momento de volver a casa.

Lee Juan 6:36-40.

Señor Jesús, vuelvo a ti. Te entrego mi vida, mi alma está herida y solo tú puedes sanarla.

IMAGÍNATE

... yo he venido para que tengan vida,
y la tengan en abundancia. (Juan 10:10)

Muchos de mis amigos me dicen que la iglesia es aburrida: casi siempre las mismas frases, las mismas canciones, las mismas predicaciones, etc.; así que dejan de asistir. Y, lo que es más grave, de vivir día a día con el Señor.

Cada vez que pienso en eso, me pregunto la razón. Pienso, si nuestro Padre celestial es el Creador y, por tanto, el ser más imaginativo que existe, ¿por qué nosotros somos tan aburridos muchas veces? Jesús dijo: «Yo he venido para que tengáis vida, y vida en abundancia", así que cristianismo y aburrimiento jamás deben ir juntos. Él mismo fue capaz de romper muchas normas para que las personas disfrutaran en Su presencia.

Cuando hablo con amigos que no creen en Dios, suelo preguntarles: «¿Qué les gusta en la vida?». A lo que suelen contestar: el placer, la comida, la amistad, la naturaleza, el amor, el poder jugar y disfrutar. Después de eso siempre les digo: «Todo eso lo creó Dios, imagínate como es Él».

No hay nada más importante en la vida que disfrutarla al lado de nuestro Creador y vivir apasionadamente con Él, porque con Él no existe el aburrimiento.

Lee Juan 10:9-16.

Padre celestial, necesito conocerte más. Quiero vivir cada momento contigo para disfrutar de tu presencia y de todo lo que me das.

A PESAR DE TODO LO QUE HACEMOS

Las autoridades que están en ella son leones rugientes,
sus gobernantes son lobos nocturnos que no dejan nada
para la mañana. Sus profetas son impertinentes,
hombres traicioneros. Sus sacerdotes profanan
las cosas santas y violentan la ley. (Sofonías 3:3-4)

El libro del profeta Sofonías narra una situación que parece que estuviera escribiéndose el día de hoy; habla de los jefes que *devoran* a las personas, de las autoridades que roban y de los responsables de la religión que traicionan a todos y hacen lo que quieren.

Nos asusta pensar *hasta dónde hemos llegado*, como solemos decir. Aparentemente no hay solución para tanta maldad. Pero la respuesta de Dios es inmediata y, después de describir tal situación, el profeta termina expresando cómo es el Creador y cómo Su amor es tan entrañable que es capaz de disfrutar siempre con aquellos a los que ama.

No importa cuál sea la situación, ni lo que hagan los que tienen el poder, siempre podemos confiar en Dios y abrazarnos a Su amor. Podemos explicar a todos que Dios es el que tiene la última palabra en todo y que todas las cosas son diferentes cuando lo amamos, porque Él nos ama a nosotros de una manera incondicional.

Lee Sofonías 3:1-5.

Padre nuestro que estás en los cielos, gracias porque tú eres justo y siempre nos tienes en tus manos. Gracias por cuidarnos siempre.

LA TERNURA DE DIOS LLENA NUESTRA VIDA

Y el Señor no pudo soportar más el sufrimiento de Israel. (Jueces 10:16)

Cuando leemos la Biblia nos encontramos con muchos versículos que hablan de la ternura del carácter de Dios. Es una cualidad de la que no solemos hablar mucho, pero es imprescindible en nuestra vida, sobre todo cuando nos sentimos cansados y desalentados.

Hoy leemos una historia en el libro de los Jueces donde encontramos que Dios no pudo soportar más el sufrimiento del pueblo. Esa frase está en un contexto en el que el pueblo de Dios oraba y pedía ayuda al Señor cuando las cosas iban mal, pero se olvidaban de Él cuando los ayudaba y todo volvía a su rumbo. Así una y otra, y otra, y otra vez.

Esto nos resulta muy conocido, porque a veces nosotros hacemos lo mismo: acudimos a Dios cuando necesitamos ayuda o estamos sufriendo; Él no puede soportar nuestro sufrimiento y viene en nuestro auxilio. Sin embargo, solemos olvidarlo y dejamos de agradecerle lo que hace por nosotros en cuanto todo regresa al buen camino.

Debemos aprender a amar a Dios de una manera fiel e inquebrantable en todo momento. Su ternura llena completamente nuestra vida y nuestro corazón.

Lee Jueces 10:8-16.

Padre nuestro que estás en los cielos, gracias por amarme de una manera tan entrañable. Quiero vivir siempre en tu presencia, sean cuales sean las circunstancias.

PROTECCIÓN IMPOSIBLE

Todos a la vez se someten y se inclinan;
no pudieron rescatar la carga,
y ellos mismos van al cautiverio. (Isaías 46:2)

En muchas ocasiones el profeta Isaías habla de la inutilidad de confiar en los ídolos que nosotros creamos. El mensaje de fondo siempre es que los ídolos jamás pueden proteger a quienes confían en ellos y, tal como hemos leído en el versículo de hoy, tanto unos como otros acabarán siendo esclavos.

Me gusta esa frase porque es mucho más real de lo que imaginamos. Vivimos en una sociedad en la que muchas personas no creen en Dios e incluso se hacen llamar *ateos*, y piensan que eso los libera de todo. Pero lo que en realidad está sucediendo es que tienen otros ídolos: sus opiniones, su comodidad, sus posesiones o incluso la propia naturaleza, por mencionar solo algunos de ellos. Pero ¿sabes una cosa? Ni ellos pueden proteger a sus «dioses», ni sus dioses pueden protegerlos a ellos. Todos terminan siendo esclavos. Solamente cuando nos volvemos a nuestro Creador, al único Dios que existe, somos verdaderamente libres.

Lee Isaías 46:1-7.

Señor, Dios del universo, confío solo en ti. Quiero de manera única y exclusiva servirte a ti.

HASTA EL INFINITO... Y MÁS ALLÁ

Y les aseguro que estaré con ustedes siempre,
hasta el fin del mundo. (Mateo 28:20)

Supongo que algunas veces te has sentido traicionado. Esa sensación es terrible, no importa si quien te abandona es algún amigo, algún líder espiritual, alguien de la iglesia o incluso alguna persona de tu propia familia. Déjame decirte que hay alguien que no nos va a traicionar nunca y ese es el Señor Jesús.

A veces estamos buscando relaciones perfectas o iglesias de santos sin defectos. Pero no nos damos cuenta de que tales iglesias no existen. Jesús, el buen pastor, vivió siempre al lado de los despreciados, de los que no tenían nada, de los que se sentían desamparados y traicionados, de aquellos que aparentemente no tenían valor. Esa es una de las razones por las que la Biblia nos dice que Él es nuestro abogado defensor, el único que nunca nos va a traicionar y jamás nos abandonará. Quien va a estar a nuestro lado siempre. Por eso prometió: «Yo estoy con vosotros todos los días, hasta el fin del mundo».

El mundo puede traicionarte, pero Jesús jamás te abandonará.

Lee Mateo 28:16-20.

Señor Jesús, gracias por estar con nosotros siempre. Tu presencia lo cambia todo, tu amor por mí es lo mejor que tengo.

POR AMOR A SU NOMBRE

*Me guía por sendas de justicia por amor
a su nombre.* (Salmo 23:3)

A veces suceden cosas terribles en nuestra vida y creemos que ya no existe más esperanza para nosotros. De hecho podemos equivocarnos de tal manera que nos gustaría no volver a ver a nadie. En ocasiones nos sentimos tan mal, que terminamos *desertando* de nosotros mismos. Pensamos que no tenemos remedio y que lo mejor sería desaparecer. En medio de esto, estamos olvidando que Dios es el Dios de la restauración, y que el amor es la esencia de Su carácter. Además, la Biblia nos dice que Él nos guía por amor de Su nombre, es decir, que en Su propio nombre está la garantía de nuestra liberación. Él quiere guiarnos y restaurarnos. ¡Le va Su honor en ello! Nos da una segunda, una tercera, una cuarta oportunidad.

Todos pueden desistir de nosotros y abandonarnos; pensamos que ya no tenemos remedio, incluso podemos renunciar a nosotros mismos, pero Él nunca se da por vencido. Siempre nos espera.

¿Tienes miedo de Dios? ¡Échate en Sus brazos!

Lee el Salmo 23.

Padre nuesto, que estás en los cielos, vuelvo a ti. Sé que he ido demasiado lejos, pero tu amor me ayudará a volver a tu casa. Confío en ti.

DIOS VIGILA NUESTRO SUEÑO

Yo me acuesto, me duermo y vuelvo a despertar,
porque el Señor me sostiene. (Salmo 3:5)

A veces tenemos problemas para dormir. Da la impresión de que cuando es de noche, todas las situaciones que no hemos podido resolver aparecen de repente. A veces aparecen preocupaciones de donde menos esperamos y nos llenan de temor. Parece como si el mundo se nos viniera encima: todo lo que tenemos que hacer, lo que no hemos hecho, los problemas, las situaciones incontroladas.

Por eso, me hace bien saber que Dios está ahí, justo en esos momentos. El salmista nos dice que Él nos sostiene incluso cuando dormimos, que Él vigila nuestro sueño. Cuando confiamos en el Señor, descansamos en Él, incluso cuando tenemos pesadillas o no sabemos lo que vamos a hacer al día siguiente, o simplemente no podemos conciliar el sueño. Descansa en el Señor, porque Él vigila tu sueño y acaricia tu corazón.

No te preocupes cuando te asalte el temor respecto del mañana, porque Dios ya está allí, esperándote con un abrazo.

Lee el Salmo 3.

Seños Jesús, descanso en ti en este momento. Me voy a dormir confiando en que todas las cosas están en tus manos. Nos vemos al despertar.

CÓMO ENDULZAR NUESTRA VIDA

*Son más dulces que la miel, la miel que destila
del panal.* (Salmo 19:10)

Esta frase del Salmo 19 es absolutamente deliciosa, no pudo haberse dicho de mejor manera. Las promesas de Dios son más dulces que la miel, las palabras de Dios endulzan nuestra vida.

Cuando oramos y leemos lo que Dios nos dice en la Biblia, cuando paseamos y conversamos con Él, cuando lo buscamos y pasamos tiempo juntos, la vida es transformada por el encanto de Su carácter.

No debemos dejar pasar ni un solo día sin leer la Palabra de Dios. Esa es la clave en nuestra vida, porque así escuchamos lo que Él nos dice. Anota siempre las frases con las que Dios llena tu corazón, las fechas en las que Dios te ha hablado, las promesas que el Señor te da, todo aquello que el Espíritu de Dios trae a tu corazón por medio de Su Palabra.

Nuestra Biblia tiene que estar llena de las anotaciones de nuestra alma, porque es el Señor Jesús quien endulza nuestra vida, renueva nuestro corazón y nos hace sentir el abrazo de nuestro Padre celestial.

Lee el Salmo 19:7-14.

Santo Espíritu, ilumina mi corazón y mi mente siempre, para que pueda aplicar todo lo que el Señor me diga en mi vida. No quiero pasar un solo día sin escuchar tu voz.

NO LO CONOZCO

Al instante un gallo cantó por segunda vez.
Pedro se acordó de lo que Jesús le había dicho:
«Antes de que el gallo cante por segunda vez,
me negarás tres veces». Y se echó a llorar. (Marcos 14:72)

En muchas ocasiones nuestra vida parece una montaña rusa: hay días que somos las personas más espirituales del mundo, y poco después parece que no queremos ver a Dios ni en pintura. Las circunstancias nos dominan de tal manera que podemos hacer cualquier cosa por Él y más adelante negarlo, como le pasó a Pedro.

No estamos bien cuando vivimos así, puede que nos encante estar en la cima, pero cuando caemos, el golpe siempre parece más fuerte. Dios quiere que vivamos de una manera diferente, que siempre confiemos en Él a pesar de nuestra debilidad. Fiel no es la persona que nunca cae, sino la que siempre se levanta.

Dios nos dice que Su Espíritu vive dentro de nosotros precisamente para ayudarnos a soportar esas subidas y bajadas continuas, y para que no desistamos jamás de nosotros. El mismo Espíritu de Dios gime dentro de nosotros para darnos poder y fortalecernos. Lo que siempre tenemos que hacer es recordar el amor de Dios por nosotros y nuestro amor por Él.

Necesitamos volver al Señor siempre, volver a nuestra casa, a donde pertenecemos.

Lee Marcos 14:66-72.

Santo Espíritu, ayúdame en mi debilidad. Fortalece mi vida y lléname de tu amor para que siempre viva siguiendo al Señor Jesús, y venza todas las dificultades.

TENER A DIOS CON NOSOTROS
POR COMPLETO

*El Señor te guiará siempre; te saciará en tierras resecas,
y fortalecerá tus huesos. Serás como jardín bien regado,
como manantial cuyas aguas no se agotan.* (Isaías 58:11)

Las promesas que leímos hoy, anunciadas por el profeta
Isaías, nos hablan de una experiencia única con el Señor.
Él promete guiarnos, darnos de comer y saciarnos cuando
estemos en el desierto, así como renovar nuestras fuerzas.

Parecen tres promesas diferentes, pero cuando meditamos
cada frase nos damos cuenta de que detrás de cada una de
ellas está una de las personas de la Trinidad. Dios nos guía
siempre por medio de Su Espíritu; Jesús es nuestro pan de
vida y siempre tenemos fuerzas porque nuestro Padre nos
las da y nos cuida.

No importa si estamos atravesando un desierto, Él siempre
está a nuestro lado y nos ayuda a vivir de una manera diferente. Aun en los momentos más difíciles, Dios hará que seas
un manantial cuyas aguas no se agoten jamás. Así refrescarás
tu alma y la de todos los que te rodean.

El Dios trino promete estar con nosotros. Necesitas a Dios mucho más de lo que crees. Lo necesitas a Él por completo.

Lee Isaías 58:9-12.

Padre, necesito tu cuidado y tus fuerzas en todo momento, Señor Jesús, gracias por ser mi pan de vida. Espíritu Santo, gracias por guiarme siempre.

RESTAURANDO CADA PEDAZO DE TU CORAZÓN

*Pero la vasija que estaba modelando se le deshizo
en las manos.* (Jeremías 18:4)

Casi todos recordamos la historia en la que Dios le dice al profeta Jeremías que vaya a donde está el alfarero trabajando y haciendo todo tipo de utensilios. Hay un momento en el que uno de los vasos se rompe y, en lugar de tirar los pedazos, el alfarero los vuelve a tomar para hacer uno nuevo. La lección que Dios le pide al profeta que escriba es que Él puede hacer lo mismo con nosotros.

Esa idea de que Dios no tira los pedazos rotos es increíble. Dios no nos rechaza. Dios no tira nada a la basura como nosotros. Él toma todo lo que aparentemente es inútil para rehacer nuestra vida. Él nos recompone, nos restaura por completo siempre. Él no nos abandona.

¿Quieres que Dios restaure tu vida? Entrégale todos los pedazos, no le escondas nada. No pienses que hay algo de ti que Él no puede renovar y restaurar. Pon toda tu vida en Sus manos y Él hará un vaso nuevo.

Lee Jeremías 18:1-8.

Señor Jesús, mi vida entera está en tus manos. Me entrego a ti por completo. Sé que puedes restaurarme. Te amo.

DIOS SIGUE QUERIENDO CONQUISTARNOS

Dios quiere que vuelvas a él para poder demostrarte
su amor entrañable. Él quiere conquistarte
para bendecirte. (Pensamiento del autor basado
en Isaías 30:15)

Dios le habla a Su pueblo de una manera tan entrañable que nos abruma; desde luego, ninguno de nosotros lo haríamos igual. Recuerda que Isaías está anunciando las promesas de Dios a un pueblo idólatra que le había dado la espalda y que no quería saber nada de Él.

Siempre me ha impresionado el amor de Dios porque, a pesar de que nosotros lo despreciamos en muchas ocasiones, Él sigue queriendo conquistarnos para bendecirnos. De hecho, utiliza el lenguaje de un enamorado, de alguien que ofrece todo para que la otra persona vuelva. ¡Quiere regalarnos Su entrañable amor, a pesar de cómo somos nosotros!

Ese es nuestro Dios. ¿Cómo no amar a alguien así? ¿Cómo no entregarle nuestro corazón y toda nuestra vida a Él? Dios sigue queriendo conquistarte para bendecirte.

Lee Isaías 30:15-18.

Padre amado, muchas gracias por tu amor. Gracias por esperarme siempre, aun cuando a veces me olvido de ti. Quiero amarte más cada día.

CUANDO TODO ES
UN ABURRIMIENTO

Todas las cosas hastían más de lo que
es posible expresar. Ni se sacian los ojos de ver,
ni se hartan los oídos de oír.
(Eclesiastés 1:8)

Cuando alguien que lo tiene todo dice que la vida es un absurdo, no deberíamos tomarlo a la ligera. Este es el caso del rey Salomón al escribir el libro de Eclesiastés. La frase que hemos leído hoy nos explica que todo nos aburre más de lo que podemos imaginar. Como decía, Salomón lo tenía todo, lo sabía todo, había disfrutado de todo; pero seguía aburrido. Exactamente igual que les ocurre a muchas personas en el día de hoy.

Vivimos en la cultura del aburrimiento, tenemos más cosas de lo que jamás nadie ha tenido en la historia de la humanidad; pero estamos aburridos. ¿Sabes por qué? Todo el libro de Eclesiastés está escrito mirando las cosas que suceden *debajo del sol*; mirando solo a lo material, fijándonos en lo que podemos tener y conseguir, sin preocuparnos de nada más. Esa es la razón por la que una de las palabras que más se repite en el libro es *absurdo*.

Por eso, si queremos vencer el aburrimiento, disfrutar de la vida y vivir de una manera diferente, tenemos que mirar mucho más allá del sol.

Lee Eclesiastés 1:1-11.

Padre nuestro que estás en los cielos, quiero poner mis ojos en ti. La vida solo tiene sentido cuando vivo en tu amor. Te amo.

DUDANDO DE TODO

¡Sí creo! —exclamó de inmediato el padre
del muchacho—. ¡Ayúdame en mi poca fe!
(Marcos 9:24)

U n buen amigo me dijo que había dejado de leer la Biblia y de orar porque comenzó a dudar de todo. Desgraciadamente esa es una de las *modas* en el día de hoy, porque muchas personas ya no quieren hablar los preceptos de Dios. El científico Pasteur dijo que «un poco de conocimiento nos aleja de Dios, pero mucho conocimiento (mucha ciencia) nos acerca a Él». Si pensamos que huyendo de Dios vamos a resolver nuestras dudas, estamos equivocados, porque Él siempre puede ayudarnos.

Cuando nos alejamos de Dios solemos dejar de pensar y terminamos escondiendo nuestras dudas, mientras que Dios no solo las acepta, sino que es el único que puede resolverlas, el único que conoce nuestra mente y corazón y argumenta con nosotros para que comprendamos la razón de nuestra vida, así como la razón de todas las cosas que Él ha creado. Él nos ayuda a comprender el significado de la vida y nos sostiene en cada uno de los momentos más difíciles.

Cuando comenzamos a dudar de que Él está ahí, lo que debemos hacer es hablarle y desafiarlo, siempre va a contestarnos, que no quepa la menor duda.

Lee Marcos 9:20-26.

Señor Jesús, ayúdanos con nuestras dudas; pon tu mano sobre nuestra incredulidad y nuestra poca fe. Enséñanos a confiar en ti siempre.

DEMASIADOS HIPÓCRITAS

Alégrense conmigo; ya encontré la oveja
que se me había perdido. (Lucas 15:6)

Algunas personas me dicen que no pueden creer en Dios porque han visto demasiados malos ejemplos por parte de muchos que se llaman *creyentes*. Jesús definió la hipocresía de algunas personas al compararlos con los actores de teatro que recorrían muchas ciudades en aquella época para representar sus obras y, como eran pocos actores, se ponían diferentes máscaras para poder interpretar más de un papel. Esos eran originalmente conocidos como «hipócritas».

Podemos sentirnos dañados por aquellos que no viven lo que dicen, pero cuidémonos de que un hipócrita nos robe el placer de disfrutar a Dios, de conocerlo, de sentir Su amor y la seguridad de que siempre nos cuida.

Un día, Jesús les contó a los principales religiosos de la época aquella historia en la que Él, como buen pastor, abandona las noventa y nueve ovejas de Su rebaño para buscar a una sola. Jesús sigue preocupándose por cada uno de nosotros. Sigue pensando en ti, estés donde estés.

No importa lo lejos que hayas querido ir o lo perdido que te encuentres, Él está buscándote ahora mismo.

Lee Lucas 15:1-7.

Señor Jesús, gracias por venir a buscarme. Gracias por salvarme. Me entrego a ti ahora mismo y no me importa nada más.

LA LUCHA CONTRA EL DESÁNIMO

¡Cuántas veces quise reunir a tus hijos,
como reúne la gallina a sus pollitos debajo de sus alas,
pero no quisiste! (Mateo 23:37)

A veces nos sentimos cansados y desanimados, y tenemos razones para estar así: quizá hemos estado ayudando a muchas personas durante bastante tiempo y nos da la impresión de que no ha servido de mucho.

Vivimos en un mundo muy injusto donde, muchas veces, los malos triunfan, y aquellos que intentan hacer el bien son olvidados. En lugar de gratitud reciben reproches, y en vez de un merecido abrazo, se encuentran con el desprecio. Por eso, necesitamos ver las cosas de otra manera, necesitamos volver al Señor para comprender que podemos vivir en la despreocupación más absoluta. Jesús nos enseña que cuando hacemos las cosas bien, lo que hacemos tiene trascendencia eterna.

El mismo Señor sintió ese cansancio, ese desánimo, aun lloró delante de la ciudad que amaba, diciendo: «Cuántas veces quise [...] pero no quisiste». ¿Sabes cómo reaccionó a esa respuesta de quienes lo despreciaron? Siguió haciendo el bien a pesar de todo el cansancio.

Recuerda que este mundo es transformado por las personas que siguen adelante ayudando a los demás, a pesar de todo su desánimo.

Lee Mateo 23:37-39.

Señor Jesús, sé que comprendes perfectamente lo que siento. Dame fuerzas para seguir haciendo el bien siempre, pase lo que pase.

LOS QUE SE VISTEN DE MALDICIÓN

Por cuanto se cubrió de maldición como quien
se pone un vestido. (Salmo 109:18)

El Salmo 109 es muy peculiar, porque habla de la traición de alguien en quien se confiaba. En un momento, el salmista define a esa persona como alguien que se viste de maldición. Es una imagen muy atractiva y vívida, porque es cierto que, a veces, no nos damos cuenta del daño que podemos hacerles a otras personas cuando hablamos mal de ellas.

Es triste que, incluso cuando hablamos de Dios a otros o queremos predicar el evangelio, damos la impresión de que nos gusta juzgar y maldecir. No nos damos cuenta de que el carácter de Dios es contrario a esa manera de hablar. La Biblia nos dice que no le gusta que nos alegremos cuando las cosas van mal para nuestros enemigos o aquellos a los que consideramos nuestros enemigos. Dios es un Dios de bendición. Él dice que hace llover sobre justos e injustos, que regala Su gracia a todos; nos ha diseñado para que vivamos bendiciendo. Es cierto que, a veces, tenemos que expresar la verdad, y esta duele; pero jamás debemos hacerlo de una manera fría o insensible.

Nunca nos parecemos más a Dios que cuando aprendemos a bendecir a todos, amigos o enemigos.

Lee el Salmo 109:16-21.

Padre nuestro que estás en los cielos, enséñame a expresar tu gracia siempre y a no maldecir a nadie jamás.

PARA NO CAER EN LA TRAMPA

Ten mucho cuidado de no hacer ningún pacto
con los habitantes de la tierra que vas a ocupar,
pues de lo contrario serán para ti una trampa.
(Éxodo 34:12)

Cuando el pueblo de Israel iba a entrar a la tierra prometida, Dios les advierte que no hagan ningún pacto con los pueblos que viven allí, porque caerán en una trampa. Podríamos pensar que eso está escrito para aquella época, pero si pensamos por un momento en lo que está sucediendo en nuestra sociedad, nos daremos cuenta de que esa advertencia es también para nosotros.

Muchas veces no nos damos cuenta de lo que ocurre a nuestro alrededor. A veces confiamos demasiado en nosotros mismos, en nuestras fuerzas, en lo que hacemos, incluso en lo que otras personas hacen y dicen, y no somos capaces de confiar en Dios. Vivimos en un mundo que nos atrapa con sus deseos, sus engaños y el atractivo de su apariencia, en donde podemos caer una y otra vez en sus trampas cuando no colocamos a Dios en el centro de nuestra vida, y nuestras decisiones no giran alrededor de Él, de Su voluntad.

Jamás debemos hacer ningún tipo de pacto con el mal, porque tarde o temprano terminará haciéndonos daño.

Lee Éxodo 34:10-15.

Padre nuestro que estás en los cielos, venga tu reino. Quiero vivir en tu voluntad para no caer en las trampas del enemigo.

NO MÁS LÁGRIMAS

Así dice el Señor: «Reprime tu llanto, las lágrimas
de tus ojos, pues tus obras tendrán su recompensa:
tus hijos volverán del país enemigo —afirma el Señor—».
(Jeremías 31:16)

Al igual que nos sucede a nosotros, Jeremías estaba cansado de ayudar a los demás y que nadie se lo agradeciera. A veces no podía dejar de llorar, porque el desaliento y el desánimo eran sus compañeros y, realmente, terminaba sintiéndose solo.

Dios le pide que reprima sus lágrimas, que deje de llorar. No tanto porque estuviera mal, pues el Señor conoce cada uno de nuestros sufrimientos y toda nuestra tristeza. Lo que Dios quería es que supiera que no debía preocuparse por nada, que un día Él mismo enjugaría cada una de esas lágrimas.

El cariño de Dios es impresionante, sobre todo en esos momentos cuando casi nos desesperamos y nos cansamos de ayudar a otros y de trabajar para Él, porque nos da la impresión de que no sucede casi nada. Es cuando Dios nos recuerda: «Tus obras tendrán su recompensa», y eso es suficiente para nosotros.

Puede que los demás no le den importancia a lo que estás haciendo, pero Dios jamás olvidará tu trabajo por Él y por los demás. Además de estar contigo, tiene una recompensa guardada para ti.

Lee Jeremías 31:15-20.

Padre amado, gracias por estar conmigo; te entrego cada una de mis lágrimas. Descanso en ti.

UN CASO IMPOSIBLE

Simón, hijo de Juan, ¿me amas? (Juan 21:16)

Una vez alguien me dijo: «Soy un caso imposible, negué al Señor y no puedo volver atrás, no hay esperanza para mí». A veces creemos que hemos ido demasiado lejos, tanto que pensamos que Dios no sabe ni dónde estamos. Pero eso no es cierto, Él siempre está ahí aunque nosotros le hayamos dado la espalda.

Recordemos que fue el mismo apóstol Pedro quien no solamente negó que conocía al Señor, sino que juró que no lo había conocido nunca. ¿Te has sentido así alguna vez? Pero mira lo que Jesús hizo: lo buscó para restaurarlo de la misma manera que quiere restaurarte a ti.

Lo que más me impresiona de la historia es que, cuando se encontró con Pedro, Jesús no le habló de su pasado, no se enfadó con él, ni le pidió fidelidad absoluta. Sencillamente le preguntó: «¿Me amas?». Porque el amor es lo que hace la diferencia. Si eres capaz de responder a esa pregunta con sinceridad, Dios te restaurará, porque lo realmente importante es cuánto sigues amando al Señor Jesús.

Lee Juan 21:15:22.

Padre celestial, quiero volver a ti. Perdona mi debilidad y enséñame a comprender que no hay nada imposible para ti.

UNA ALEGRÍA EXTRAORDINARIA

Hasta ahora nada habéis pedido en mi nombre;
pedid, y recibiréis, para que vuestro gozo sea completo.
(Juan 16:24, RVR60)

A lo largo de mi vida he asistido a centenares de reuniones de oración y nunca he escuchado a nadie hacer la petición que Jesús hace por nosotros. Él ora para que nuestra alegría sea completa, pero parece que lo hemos olvidado. Pedimos muchas cosas, la gran mayoría de ellas buenas, pero no disfrutamos tanto de las respuestas de Dios porque no somos capaces de comprender que lo primero que debemos pedir es que el gozo de Dios nos llene siempre.

Creo que es muy importante que lo hagamos. Las circunstancias quizás no cambien y sigamos atravesando las mismas situaciones difíciles, pero para nuestra fortuna, sabemos que Dios llena nuestro corazón de alegría y gozo. El Señor Jesús intercede por nosotros para que tengamos una alegría completa, aquella que va más allá de todo lo que nosotros pensamos o imaginamos.

Esa es la alegría que Dios pone en tu corazón.

Lee Juan 16:23-33.

Padre Eterno, llena mi corazón de alegría. Enséñame a vivir por encima de todas las circunstancias.

DIOS NO ME ESCUCHA

Y le digo a Dios, a mi Roca:
«¿Por qué me has olvidado?». (Salmo 42:9)

Una de las peores sensaciones en la vida es cuando creemos que Dios no nos escucha. Cuando nos sentimos solos o le pedimos algo y pareciera que Él no responde. Así que comenzamos a creer que está lejos, que no nos hace caso. ¡Pero eso nunca es cierto!

Cuando leemos el libro de los Salmos, aprendemos que podemos derramar nuestro corazón delante de Dios y aun quejarnos diciéndole todo aquello que no nos gusta o no comprendemos, porque Él siempre está a nuestro lado.

Dios a veces permite que pasemos una situación difícil, de hecho, que pensemos que estamos en el desierto como si Él no nos estuviera escuchando para que nos demos cuenta de quiénes somos y lo que es importante en nuestra vida. Es cuando nos encontramos así que lo buscamos a Él de una manera desesperada.

Por eso, lo mejor que podemos hacer siempre es venir a la presencia de Dios y decirle todo lo que hay en nuestro corazón, sea lo que sea, sin esconderle nada, porque Él siempre nos escucha.

¡Él te cuida siempre!

Lee el Salmo 42.

Padre nuestro que estás en los cielos, necesito decirte que...

BAILANDO CON DIOS

*El Señor tu Dios está en medio de ti como guerrero
victorioso. Se deleitará en ti con gozo, te renovará
con su amor, se alegrará por ti con cantos.* (Sofonías 3:17)

¿Sabías que cada cuarenta segundos una persona decide quitarse la vida? La desesperación, el desaliento y la tristeza logran vencer a muchas personas y jamás debe ser así. Sean cuales sean las circunstancias que estemos viviendo, lo que hayamos perdido y aun lo que otras personas digan o hagan, nuestra vida tiene un valor inmenso para el Señor.

Dios nos diseñó para disfrutar de la vida, y el valor que tenemos para Él es infinito. En el versículo que hemos leído hoy dice que Dios se alegra con cada uno de nosotros cantando y bailando, al vernos como un padre que baila con sus hijos y disfruta con ellos. Así que no debemos caer en el desaliento. No tenemos que pensar en la desesperación ni siquiera por un momento.

La vida es el regalo que Dios te ha dado, el bien más precioso que tienes. Confía en Dios, porque Él va a estar contigo siempre. Nunca te desesperes.

Lee Isaías 43:1-4.

Padre amado, gracias por crearme y amarme tanto. Quiero vivir siempre descansando en ti, sabiendo que nada ni nadie puede vencerme.

LA MUERTE ME TENDIÓ UNA TRAMPA

Me enredaron los lazos del sepulcro, y me encontré
ante las trampas de la muerte. (Salmo 18:5)

Al comienzo de la pandemia ocasionada por la COVID-19, estuve en el hospital muy grave: más de veinte días con respiración asistida día y noche. Era una situación muy complicada, pero Dios siempre estuvo ahí conmigo. El versículo que leemos hoy explica la razón de lo que estaba sucediendo en mi vida.

A veces vivimos situaciones muy difíciles de las que pensamos que no vamos a poder salir, y tenemos la impresión de que la muerte nos está tendiendo una trampa. Las cuerdas del sepulcro parecen atarnos. Pero debemos recordar que seguimos a alguien que dijo: «Conoceréis la verdad, y la verdad os hará libres». Ese es el Señor Jesús. Cuando lo conocemos a Él, la muerte ya no tiene ningún poder sobre nosotros. Sea cual sea el aparente final de la historia, estamos en Sus manos, así que ningún mal puede vencernos. Somos libres para toda la eternidad.

Aunque la muerte te tienda una trampa y te enrede, Dios está por encima de todas las cosas.

Lee el Salmo 18:1-6.

Señor Jesús, estoy en tus manos. Tú venciste a la muerte y sé que, pase lo que pase, estaré para siempre contigo. Te amo.

NUESTRA MIRADA

No me pondré como meta nada
en que haya perversidad. (Salmo 101:3)

Vivimos en un mundo complicado, sobre todo cuando tenemos que enfrentar situaciones que parece que van a vencernos, al menos esa es la impresión que nos da. Por todas partes surgen tentaciones de todo tipo y, a veces, parece que ni siquiera podemos abrir nuestros ojos sin estar a punto de caer.

Me encanta el texto del Libro de los Salmos que leímos, porque si lo tomamos de una manera literal, nos muestra un compromiso impresionante: «En nada indigno fijaré mis ojos». No podemos dejar de mirar las cosas, ni podemos dejar de ver lo que hay a nuestro alrededor, pero sí podemos decidir no fijarnos en lo malo, en lo que puede vencernos, en aquello que puede destruir nuestra vida, en todo lo que es indigno.

¿Sabes cuál es la clave para vencer? Fijar nuestros ojos en el Señor Jesús. Cuando lo miramos a Él y contemplamos Su belleza, es como si todo lo demás desapareciera.

Lee el Salmo 101.

Señor Jesús, quiero poner mis ojos en ti. Ayúdame a vencer todo aquello que es indigno.

CONSTRUIR UN POZO

En verdes pastos me hace descansar.
Junto a tranquilas aguas me conduce. (Salmo 23:2)

Hace años, un amigo que trabaja en el campo me comentó que en las grandes extensiones de terreno hay dos maneras de tener controlados a todos los animales de tu propiedad. Una es colocar vallas para que no puedan saltarlas y escaparse; la otra, es construir un pozo, porque los animales no se van del lugar donde pueden beber agua, comer y descansar.

Esto me hizo pensar que, en su mayoría, nuestro mundo se divide en dos tipos de personas. Por una parte, están aquellos que construyen vallas para controlar a los demás y someterlos a su autoridad; los que quieren que no nos salgamos de lo que ellos dicen y que siempre hagamos lo que dictaminan. Por otra parte, nos encontramos con aquellos que construyen pozos para que todos podamos tener agua; aquellos que regalan gracia, amor, bondad, los que nos ayudan a vivir y disfrutar de todo lo que Dios nos ha dado.

Si el mundo sigue en pie todavía, es debido a los que construyen pozos; aquellos que conocen el amor de Dios y siempre quieren regalárselo a los demás.

Lee el Salmo 23.

Padre nuestro que estás en los cielos, ayúdame a disfrutar de tu gracia y regalarla siempre a los demás. Enséñame a ser una fuente de agua viva.

SIEMPRE PENDIENTES DE LOS DEMÁS

*Resulta que viajaba por el mismo camino un sacerdote
quien, al verlo, se desvió y siguió de largo.* (Lucas 10:31)

Tal pareciera que nuestro juego preferido en la vida es preocuparnos de lo que pueden hacer y decir los demás. ¿Recuerdas la parábola del buen samaritano que el Señor Jesús contó? Él dijo que cuando el hombre estaba herido en el suelo, vino un sacerdote y pasó al otro lado de la calle. Quizá vio al levita que venía detrás y pensó: *Él puede ayudarlo.* Vino el levita y vio lo que el sacerdote hizo, así que quizá pensó: *Si el sacerdote no lo ayudó, yo tampoco voy a hacerlo.* Entonces paso por allí un samaritano al que muchos despreciaban, y se acercó para recoger al hombre herido y sanarlo. No le preocupó lo que los demás dijeran, ni pensó por un solo momento lo que otros pudieran hacer. Simplemente tomó la decisión de ayudar e hizo lo que tenía que hacer.

Cuando amamos al Señor, somos completamente distintos, radicalmente diferentes. Transformamos el mundo porque dejamos de preocuparnos y de mirar lo que los demás dicen o hacen. Vivimos para servir y hagamos lo que tenemos que hacer: ayudar a los demás.

Lee Lucas 10:30-37.

Señor Jesús, ayúdame a ser un buen ejemplo y a ayudar siempre a los demás. No quiero estar siempre pendiente de lo que los demás digan o hagan.

APRENDIENDO A DISFRUTAR

*Les he dicho esto para que tengan mi alegría
y así su alegría sea completa.*
(Juan 15:11)

El Señor Jesús habló en muchas ocasiones sobre la alegría en la que debemos vivir. Ahora no podemos verlo físicamente, pero seguro que era una persona absolutamente impresionante, que derrochaba amor y alegría para todos, como en muchas ocasiones vemos a lo largo de los Evangelios.

Dios nos regaló la alegría y el buen humor para que disfrutemos con Él y con todo lo que ha creado, así que tenemos que aprender a hacerlo. Sé que hay muchas situaciones difíciles en la vida, pero a través de la alegría y el buen humor comprendemos mucho más el carácter de Dios, y las personas que nos rodean pueden saber cómo es Él si notan que nuestra alegría, el buen humor y el gozo que tenemos en el corazón es completo siempre.

La única manera en la que podemos vivir así es permaneciendo en el amor de Dios. En Su amor por nosotros y nuestro amor por Él. Cuando disfrutamos de ese amor, podemos amar también a los demás y entonces todos sabrán que realmente lo conocemos.

Hoy es un buen día para alegrarse en el Señor y amar a todos.

Lee Juan 15:9-12.

Señor Jesús, gracias por regalarnos una vida abundante. Enséñanos a disfrutarla contigo y con los demás, llenos de sincera alegría.

¿SOMOS ATEOS?

El Padre celestial las alimenta. (Mateo 6:26)

Cuando el Señor Jesús dice en el llamado Sermón del Monte que no debemos preocuparnos, lo que está enseñando es que cuando nos preocupamos es como si dejáramos de confiar en nuestro Padre celestial. Nos compara con los incrédulos que se afanan por todo. A veces nos resulta difícil comprender eso porque, a pesar de las promesas y el cuidado de Dios, seguimos preocupándonos.

En cierta ocasión, el reformador Martín Lutero estaba tan agobiado por todo lo que estaba sucediendo y las presiones que recibía, que su mujer, Catalina, apareció en la casa vestida de luto. Él le preguntó: «¿Quién se ha muerto?». Ella, muy seria, le contestó: «Dios se ha muerto». «Mujer, ¿cómo dices eso? ¡Es imposible! ¡Es una barbaridad!», le respondió Lutero inmediatamente. Y ella sencillamente le dijo con una sonrisa: «Pues tú vives como si Dios se hubiera muerto».

Eso es lo que muchas veces nos sucede cuando no aprendemos a confiar y a descansar en Dios, vivimos exactamente igual que aquellos que dicen que no existe. De una vez por todas, tenemos que aprender a confiar siempre en nuestro padre celestial.

Lee Mateo 6:25-34.

Padre nuestro que estás en los cielos, gracias porque tú cuidas de toda la creación y también de mí. Descanso en ti.

DIOS NO NECESITA PALABRAS

Se deleitará en ti con gozo, te renovará con su amor.
(Sofonías 3:17)

Supongo que muchas veces te has preguntado: ¿dónde está Dios?, ¿por qué no me habla?, ¿por qué no soy capaz de escucharlo? La frase que leímos del profeta Sofonías merece la pena examinarla a profundidad, porque ese «te renovará con su amor» significa, literalmente, que Su amor es tan grande que a veces tiene que guardar silencio, como cuando nosotros amamos tanto a alguien que solo podemos mirarlo a los ojos y callar. Es como si nos enseñara que Dios no necesita palabras para demostrar que nos ama.

Si lo pensamos un poco, realmente es así. Él nos habla a través de la naturaleza, de todo lo que Él ha creado, de la belleza. Nos habla a través de Su Espíritu y nos hace sentir una paz inquebrantable; nos habla a través de Su Palabra, incluso a través de los hermanos cuando más lo necesitamos o de otras personas que nos ayudan a seguir adelante. Nos habla por medio de las circunstancias, en cientos de ocasiones diferentes. Nos demuestra Su amor con la vida que nos regala cada día y con las cosas que hace por nosotros. Nos habla de una manera perfecta a través del Señor Jesús.

Necesitamos abrir los ojos para darnos cuenta de que muchas veces, Dios no necesita palabras para demostrar que nos ama.

Lee Sofonías 3:17-20.

Padre nuestro que estás en los cielos, gracias por tu amor. Enséñame a escucharte siempre. Necesito estar unos momentos contigo ahora.

UNA DE LAS RAZONES
DE NUESTROS FRACASOS

La necedad del hombre le hace perder el rumbo,
y para colmo su corazón se irrita contra el Señor.
(Proverbios 19:3)

No nos gusta en absoluto que nos llamen tontos o que nos traten como si no fuéramos inteligentes; sin embargo, a veces nos comportamos así. La frase que leímos en el libro de Proverbios podríamos resumirla de una manera muy sencilla: «El que es tonto, fracasa y después le echa la culpa a Dios».

Muchas personas toman sus propias decisiones y hacen lo que creen oportuno, sin preocuparse en absoluto de si está bien o mal y sin consultar a Dios. Creen que pueden controlarlo todo, que lo saben todo, que tienen fuerzas para todo; pero cuando fracasan, entonces dicen que Dios es el culpable, cuando ni siquiera le hicieron caso.

Este es uno de los deportes favoritos en la actualidad: culpar a Dios por todo. Incluso aquellos que se declaran ateos, dicen que el mal en el mundo es culpa de Dios. Muchos no son capaces de aceptar que ellos mismos son los que están perdiendo el rumbo en sus vidas.

Yo no quiero vivir como un necio. Prefiero confiar en Dios para no fracasar en mi vida, ni perder el rumbo. Espero que tú también tomes esa decisión.

Lee Proverbios 19:1-8.

Padre amado, dame sabiduría para vivir siempre en tu voluntad. Ayúdame a no comportarme como un necio y buscarte siempre.

EL MAYOR SUFRIMIENTO
DE LA HISTORIA

Dios mío, Dios mío, ¿por qué me has abandonado?
Lejos estás para salvarme, lejos de mis palabras
de lamento. (Salmo 22:1)

Todos recordamos esa frase desgarradora que el Señor Jesús dijo en la cruz justo antes de entregar Su Espíritu al Padre: «Dios mío, Dios mío, ¿por qué me has desamparado?». Era el momento más cruel de la historia, el mayor sufrimiento por el que ha pasado un ser humano. Quizás Él recitó todo el salmo en voz baja, en lo más profundo de Su corazón, porque Él mismo es la Palabra de Dios encarnada. Si lees el salmo con atención, verás cómo narra la angustia, la ansiedad, la soledad. Explica que a veces nos sentimos como gusanos porque da la impresión de que todo el mundo quiere aplastarnos y no tenemos ningún valor. Así se sintió el Señor por cada uno de nosotros, todo eso lo llevó Él en la cruz por ti y por mí.

Cuando estoy sufriendo o siento que nada tiene sentido, incluso cuando pienso que Dios está lejos o creo que mi vida no tiene ningún valor, sé que el Señor me comprende de una manera perfecta. No tengo ninguna duda de que Él está a mi lado y me dará fuerzas para seguir adelante.

No te desesperes. Él va a cuidarte siempre.

Lee el Salmo 22.

Señor Jesús, gracias por haber sufrido por mí, por mis pecados y mis culpas. Gracias porque eres mi Salvador. Te amo.

VIVIR SIN RESENTIMIENTOS

*Me ha enviado [...] a poner en libertad a los oprimidos,
a pregonar el año del favor del Señor.* (Lucas 4:18-19)

No cabe duda de que el resentimiento y la amargura nos hacen mucho daño. Cuanto más tiempo dejamos pasar sin arreglar una situación y perdonar (y ser perdonados), esa amargura crece contra todos aquellos que nos han herido. Por eso, el Señor Jesús dijo un día: «Ponte de acuerdo con tu adversario pronto», para que no pase el tiempo y las heridas crezcan en nuestro corazón.

Pero Jesús también nos enseña a dar un segundo paso trascendental. Cuando se presentó en la sinagoga y recitó aquel texto del profeta Isaías: «El espíritu del Señor está sobre mí, por cuanto me ha ungido para anunciar buenas nuevas a los pobres» (Lucas 4:18), terminó justo antes de proclamar «el día de la venganza de nuestro Dios», porque eso sucederá en el último momento de la historia.

¿Qué nos está diciendo? Que incluso Él, siendo Dios mismo, dejaba que Su Padre dictaminara cuál sería ese día de la venganza. Así que, jamás debemos preocuparnos por vengarnos ni dejar que el resentimiento y la amargura prosperen.

Un día Dios llevará todas las cosas a su lugar; ese día, mejor que todo esté en Sus manos y no en las nuestras.

Lee Lucas 4:14-21.

Padre nuestro que estás en los cielos, ayúdame a aprender a perdonar y a no dar lugar a la amargura en mi corazón. Deposito todas las cosas en tus manos.

SIN TIEMPO PARA COMPADECERSE

Hijas de Jerusalén, no lloréis por mí,
sino llorad por vosotras mismas y por vuestros hijos.
(Lucas 23:28, RVR60)

Todos pasamos momentos difíciles; y cuando sufrimos, hay algo que nos encanta hacer y es compadecernos de nosotros mismos. Es cierto que queremos vencer el sufrimiento; pero siempre nos gusta que nos digan: «Pobre, mira por lo que está pasando, fíjate qué situación tan difícil». Parece que eso nos hace sentir bien.

El Señor Jesús, cuando iba a la cruz y las mujeres lloraban por Él, les dijo: «No lloréis por mí, sino llorad por vosotras mismas y por vuestros hijos». Aun en los momentos más difíciles de Su vida, el Salvador nos enseña que la autocompasión no sirve de nada, que realmente cuando estamos sufriendo, lo mejor que podemos hacer es preocuparnos por otras personas y dejar de mirarnos a nosotros mismos.

Muy probablemente nuestro sufrimiento no tenga al momento una solución; puede que tengamos que ir a la cruz como el Señor, pero podemos ayudar a otros y, en lugar de pensar que todos deben compadecerse de nosotros, podemos buscar a otros que necesiten ayuda. Por muy poca fuerza que creamos tener, siempre habrá personas que nos agradecerán nuestro cariño. Siempre podremos consolar a otros.

Lee Lucas 23:26-34.

Señor Jesús, ayúdame a tener la compasión que tú tenías por todos. Dame fuerzas para consolar a los demás, aun cuando yo esté pasando un mal momento.

DE ESO SE TRATA LA FE

*Así que Abraham creyó en el Dios que da vida a
los muertos y que llama las cosas que no son como
si ya existieran.* (Romanos 4:17)

Siempre decimos que debemos tener fe, pero poco sabemos a qué nos estamos refiriendo. La frase que hemos leído hoy del apóstol Pablo va más allá de lo que podríamos imaginar para definir la fe, y nos enseña exactamente de qué se trata: no solo de saber que Dios puede dar vida a los muertos (eso ya es más que impresionante), sino también que debemos comprender que las cosas que no son, ya existen.

Sé que parece difícil de entender, pero debemos aprender a confiar en Dios de una manera incondicional. Incluso saber que las cosas que no vemos o no existen, Dios ya las tiene en Sus planes y un día sucederán, porque para Dios ya están ahí. Debemos ser capaces de ver lo invisible, de comprender lo que en apariencia es incomprensible, de confiar incondicionalmente, incluso aunque no veamos aquello que estamos creyendo.

No se trata de nosotros, ni de nuestra fe, sino de confiar en Dios siempre, de manera absoluta, sin condiciones. Fe es saber que para Dios lo aparentemente imposible está en Sus manos.

Lee Romanos 4:16-25.

Señor Dios todopoderoso, confío en ti. Pongo en tus manos esta situación…

¡SONRÍELE A LA VIDA!

Tu tierra está llena de trigo y de mosto;
tus cielos destilan rocío. ¡Sonríele a la vida, Israel!
(Deuteronomio 33:28-29)

Moisés, a punto de irse con el Señor, y después de 120 años de vida, dijo al pueblo de Israel una de sus últimas frases: «Sonríele a la vida, ¿quién como tú, pueblo escogido por Dios?».

Después de más de cincuenta años asistiendo a centenares de iglesias en todo el mundo, resulta curioso que jamás he escuchado una predicación sobre Deuteronomio 33:28-29. Creo que esa es una de las razones por las que la tristeza arrastra al pueblo de Dios en muchas ocasiones.

Tenemos que sonreírle a la vida. ¿Cuál es la razón? ¿Lo que somos o lo que hacemos? ¿El hecho de que las circunstancias vayan bien? ¡No! La clave es no olvidar nunca que Dios nos creó, que nos ama y que podemos vivir cada momento con Él. Su carácter y Sus obras son tan extraordinarios que no podemos hacer otra cosa que vivir disfrutando con Él.

En cierta manera, no nos importan las circunstancias, por muy crueles que parezcan ser. Fuimos diseñados para sonreírle a la vida y para bendecir a todos los que están con nosotros. Somos el pueblo de Dios, así que todos tienen que ver cómo amamos y disfrutamos con nuestro Padre.

Sea lo que sea por lo que estés pasando ahora, sonríele a la vida. Dios está contigo.

Lee Deuteronomio 33:26-29.

Padre nuestro que estás en los cielos, llena mi vida de la alegría de tu Espíritu para que pueda disfrutar de todo lo que eres y todo lo que haces por mí. Te amo.

CORRIENDO HACIA JESÚS

Él, arrojando la capa, dio un salto y se acercó a Jesús.
(Marcos 10:50)

Cuando Jesús llama a Bartimeo para sanarlo, el evangelista nos dice que este arrojó la capa, se levantó de un salto y se acercó a Jesús. Corrió hacia Él. Parecen tres actos muy sencillos, pero pueden enseñarnos decisiones clave para la vida, porque para comprometernos realmente con el Señor Jesús necesitamos seguir el ejemplo de ese mendigo:

1. Arrojar lejos todo lo que nos estorba.

2. Levantarnos porque Jesús nos ha devuelto nuestra dignidad.

3. Correr hacia Él.

Parece algo obvio y muy sencillo, pero esos tres pasos transformaron la vida de Bartimeo y lo mismo pueden hacer con la nuestra.

Tenemos que dejar de apegarnos a las cosas, la vida es mucho más que aquello que poseemos y, a veces, esas cosas nos impiden acercarnos al Señor. Necesitamos dejar de vivir postrados como si no hubiera esperanza, porque Dios puede y quiere restaurarnos. Corramos hacia Jesús. Cuando vivimos de esta manera, toda nuestra vida es transformada.

Lee Marcos 10:46-52.

Señor Jesús, quiero dejar todo aquello que me impida estar contigo. Te entrego mi vida. Gracias por amarme y salvarme. Gracias por estar siempre conmigo.

UN SALVADOR EXTRAORDINARIO

No acabará de romper la caña quebrada,
ni apagará la mecha que apenas arde. (Isaías 42:3)

Cuando el profeta Isaías quiere explicar la compasión del Señor, dice que no quebraría la caña que ya estaba cascada ni apagaría la mecha que estuviera humeando. Son frases que escuchamos muchas veces y, en aquel momento, todos sabían a qué se refería, pero ¿qué significan para nosotros?

A la caña se le hacían agujeros para que sonara como una flauta, pero, después de varios usos, cada vez estaba más deteriorada, se rompía y se tiraba. Lo mismo se hacía con la mecha que humeaba. Cuando ya no quedaba aceite, se apagaba y nadie más se preocupaba por el asunto. Pero Dios no hace eso con nosotros.

La Biblia nos enseña que el Padre sigue *cantando* con nosotros aun cuando pensemos que nuestro cuerpo está roto y que no servimos para nada (Sofonías 3:17). El Espíritu de Dios sigue renovando nuestra vida con Su aceite, aunque creamos que ya no nos quedan fuerzas. Por eso, la compasión del Señor Jesús va más allá de lo que imaginamos al restaurar las cañas quebradas y fortalecer las mechas que apenas arden. Así que, sabiendo que el Padre *canta* con nosotros, que el Espíritu de Dios siempre nos renueva y que la compasión del Señor Jesús nunca nos abandona, jamás debemos sentirnos acabados. ¡La Trinidad está con nosotros!

Lee Mateo 12:15-21.

Padre celestial, gracias por tu amor por mí. Dame fuerzas por medio de tu Espíritu para seguir adelante siempre. Descanso en la compasión de mi Salvador.

LO QUE SOSTIENE LAS LEYES DEL UNIVERSO

Las palabras que les he hablado son espíritu y son vida. (Juan 6:63)

Nos encanta examinar el universo y contemplar la belleza de todo lo que nos rodea. Los científicos dicen que las leyes de la naturaleza son exactas, y que hay una ley superior que las mantiene en funcionamiento siempre. Esa *ley superior* es una persona, nuestro Salvador, el Señor Jesús. El universo se sostiene por Su fidelidad.

La Biblia nos enseña que Él lo creó todo. Pero no solamente lo creó, sino que mantiene todas las cosas, las leyes del universo con Su propia palabra. ¿Por qué? Por el hecho de que la palabra de Dios siempre se cumple, jamás falla. Así que, podemos estar completamente seguros de que quien sustenta el universo, también a nosotros nos va a sostener.

Podemos descansar en las promesas del Señor Jesús y vivir confiados siempre. Él nos prometió que estaría con nosotros todos los días, hasta el fin del mundo, sin que importen las circunstancias o los sucesos. El mismo poder que tiene en Sus manos miles de millones de galaxias, es el que nos cuida a ti y a mí. Podemos vivir tranquilos.

Lee Juan 6:63-68.

Señor Jesús, confío en ti. Todos los días me demuestras tu poder que sostiene el universo; y lo mismo haces con mi vida.

UNA PERSONALIDAD EXTRAORDINARIA

Cuando se fueron los enviados, Jesús comenzó a hablarle a la multitud acerca de Juan: «¿Qué salieron a ver al desierto? ¿Una caña sacudida por el viento? (Lucas 7:24)

Cuando Jesús habló de Juan el Bautista, les dijo a todos que no debían esperar que él fuera como una caña que sacude el viento para llevarla de un lugar a otro. Juan era mucho más que eso. No importaba lo que los demás dijeran o hicieran, él seguía al Señor de una manera inquebrantable, absoluta, radical. Solo quería hacer su trabajo como embajador de Dios y presentar al Mesías con un amor y una fidelidad perseverantes, aunque le costara la vida. Esa es la razón por la que Jesús lo presenta como el más grande de todos los profetas.

Para todos aquellos que con demasiada frecuencia nos preocupados por lo que otros dicen o hacen, una gran lección que Dios nos da hoy es que seamos nosotros mismos, que no nos influyan los demás de tal manera que renunciemos a ser quienes somos; que hagamos nuestro trabajo para el Señor con ese amor y esa fidelidad inquebrantables que hacen que nuestras acciones tengan trascendencia eterna.

Cuando somos nosotros mismos y los vientos no son capaces de sacudirnos, encontramos nuestro lugar en el mundo.

Lee Lucas 7:24-35.

Padre celestial, ayúdame a vivir siempre de acuerdo con tu voluntad, sin importarme lo que otros puedan decir o hacer.

¿DE VERDAD QUIERES SANAR?

*Cuando Jesús lo vio allí, tirado en el suelo, y se enteró
de que ya tenía mucho tiempo de estar así, le preguntó:
—¿Quieres quedar sano?* (Juan 5:6)

Jesús se acercó al enfermo y le preguntó algo obvio: si
quería sanar. Nos parece casi una pregunta hiriente,
puesto que todos queremos sanar cuando estamos mal, ¿no
es así?

Conforme van pasando los años, me doy cuenta de que
hay muchas personas que realmente no quieren sanar. Parece
mentira, pero da la impresión de que no les importa vivir
siempre en la misma situación: rodeados de dificultades y
sin ninguna posibilidad de salir adelante. En cierta manera
nos gusta hacernos los mártires, quejarnos constantemente,
que todos nos ayuden. Queremos ser el centro de atención.

Esta es la razón por la que resulta imprescindible que el
Señor nos pregunte si queremos ser sanos, porque de no ser
así, no hay manera de ayudarnos. Si estamos pasando por
un momento difícil, necesitamos hacernos esa pregunta a
nosotros mismos, porque para vencer la tristeza, es necesario

dejar de amarla. Para salir del dolor tenemos que abandonar las circunstancias que nos llevaron a ello.

Jesús nos pregunta directamente: «¿Quieres ser sano? ¿Quieres ser sana?». Si nuestra respuesta es ¡sí!, entonces, Él va a transformarlo todo. Pero necesitamos ponernos en Sus manos de forma incondicional.

Lee Juan 5:1-15.

Señor Jesús, quiero ser sano, quiero que pongas tu mano sobre mí y transformes mi vida, sea cual sea tu voluntad.

EL ESPÍRITU DE LA VERDAD

Pero, cuando venga el Espíritu de la verdad, él los guiará a toda la verdad, porque no hablará por su propia cuenta, sino que dirá solo lo que oiga y les anunciará las cosas por venir. (Juan 16:13)

Jesús define al Espíritu Santo como el «Espíritu de la verdad». Puede parecernos algo obvio, pero es genial que Cristo mismo lo haga, porque de esta manera comprendemos Su trabajo: llevarnos a la verdad, que es una persona, nuestro Salvador.

El Espíritu de Dios restablece la comunión con nuestro Padre celestial cuando recibimos al Señor Jesús en nuestra vida, esa es la razón por la que no es el espíritu de la doctrina correcta, o el espíritu de querer ganar todas las discusiones, ni el espíritu de querer tener la razón: es el Espíritu de la verdad.

Por eso, cuando leemos que el fruto del Espíritu es amor, gozo, paz, paciencia, amabilidad, bondad, fidelidad, mansedumbre y dominio propio, aprendemos lo que significa vivir de una manera diferente, brillando para Dios y amándolo a Él en primer lugar; pero amando también a los demás, incluso a nuestros enemigos.

En ese momento, aprendemos a vivir en la gracia y la verdad de tal manera que todos puedan recibirla también, por lo que no nos preocupa en absoluto ganar ninguna discusión o tener siempre la razón.

Lee Juan 16:5-16.

Espíritu Santo, llena mi vida para que refleje el carácter del Señor Jesús y pueda mostrarles a todos tu amor.

¿SIERVOS INÚTILES?

*Somos siervos inútiles; no hemos hecho más
que cumplir con nuestro deber.* (Lucas 17:10)

Hemos leído esa frase del Señor Jesús en muchas ocasiones, pero quizá no la hemos interpretado bien. Por medio de una parábola, lo que el Maestro nos está diciendo es que tenemos que crecer, madurar, tomar decisiones mientras vivimos en la presencia de Dios; que tenemos que llegar a conocerlo mejor cada día para vivir de acuerdo con Su carácter. La clave es que no debemos ser niños toda la vida, personas que siempre estén esperando que les digan qué deben hacer.

Sí, porque en muchas ocasiones estamos siempre esperando que Dios nos diga lo que podemos o no podemos hacer, como si Él nos diera una lista de tareas para el día. Lo que realmente nuestro Padre celestial espera es que vivamos tan cerca de Su corazón, que el hecho de conocer y hacer lo bueno sea algo normal para nosotros. Dios quiere que crezcamos, que le pidamos sabiduría a Su Espíritu para tomar decisiones y transformar al mundo. Dios quiere que cada día nos parezcamos más al Señor Jesús y seamos capaces de ayudar a los demás.

Su deseo es que lo conozcamos y amemos de tal manera, que no tengamos más la necesidad de preguntar lo que hay que hacer.

Lee Lucas 17:1-10.

Padre celestial, ayúdame a vivir tan cerca de tu corazón que pueda conocer tu voluntad siempre.

UN DÍA PERDIDO

«Lea esto, por favor», este responderá:
«No puedo hacerlo; está sellado». (Isaías 29:11)

Cuando Dios habla por medio del profeta Isaías a los responsables, a los profetas y a los dirigentes religiosos del pueblo, les dice: «Vosotros sois los ojos del pueblo, pero no sois capaces de ver nada». Podríamos pensar que esa es la situación de muchas personas, por tanto, no son responsables de no conocer la Palabra de Dios. Pero más adelante, el mismo pueblo le responde a Dios: «Nosotros no podemos abrir el libro, ni sabemos leer».

Dos excusas impresionantes, porque no tienen ningún valor. Hoy sí tenemos el libro, que es la Palabra de Dios; podemos abrir la Biblia y leerla. Así que, no podemos estar pendientes de lo que otras personas nos digan, ni mucho menos esperar a que lo hagan, sino leer directamente lo que Dios nos dice a cada uno de nosotros y saber cómo Él puede transformar nuestra vida y todo lo que nos rodea. Además, Dios sigue hablándonos a través de Su Palabra viva, el mismo Señor Jesús, todos los días de nuestra vida.

Recuerda que un día sin leer la Palabra de Dios, sin hablar con Él, es un día perdido. ¿Qué estás esperando?

Lee Isaías 29:11-16.

Padre amado, necesito tu Palabra, necesito hablar contigo ahora mismo.

APRENDIENDO A VIVIR

Pero muy pronto olvidaron sus acciones
y no esperaron a conocer sus planes. (Salmo 106:13)

En ocasiones, pareciera que nuestra vida tiene poco sentido, porque no sabemos agradecer ni recordar. Olvidamos rápidamente todo lo que Dios hizo por nosotros y enseguida nos preocupamos por lo que pueda pasar en el futuro, sin recordar que si Él no nos ha abandonado hasta ahora, tampoco va a hacerlo en el futuro. Cuando nos sentimos así, hacemos parecer como si lo que Dios hizo por nosotros hubiera quedado en el pasado, por lo que no somos capaces de descansar en Sus planes ya cumplidos antes para lo que pueda suceder hoy.

Por si fuera poco, solemos creer que lo que nosotros hacemos es lo mejor, de tal manera que muy pocas veces entregamos todos nuestros objetivos en Sus manos. Si queremos vivir de una manera diferente y extraordinaria, tenemos que aprender a agradecer, a recordar y a descansar en los planes de Dios. Así de sencillo.

Él es la fuente de la vida y va a seguir cuidándonos siempre, así que necesitamos tenerlo permanentemente con nosotros, en nuestro pasado, en nuestro presente y en nuestro futuro.

Lee el Salmo 106:1-14.

Padre celestial, gracias por cuidarme siempre. Enséñame cuáles son tus planes para mí.

NUESTRO CARÁCTER EN CASA

*Quiero conducirme en mi propia casa
con integridad de corazón.* (Salmo 101:2)

Lo que David expresa en este salmo es uno de los mejores deseos que podemos tener, porque es en nuestra casa donde somos realmente nosotros mismos. Lo más importante no es cómo nos comportamos cada día en nuestro trabajo o en la iglesia; aunque no podemos despreciar lo que somos en nuestra vida normal, si alguien quiere saber cómo es nuestro carácter, tiene que venir a vernos en casa.

Con nuestra familia no importan las cosas trascendentales o espectaculares que hacemos, o si las personas nos admiran mucho; lo que cuenta es el día a día, si nuestro corazón es íntegro, si amamos a los que viven con nosotros y tienen que aguantar nuestros días buenos y nuestros días malos. Con nuestra familia no sirven las apariencias.

Desafortunadamente, David no fue capaz de hacer eso. Fue un gran rey, compuso muchos salmos e intentó guiar al pueblo a la presencia de Dios; pero en su casa fue un auténtico desastre. Nuestro primer objetivo en la vida debe ser pedirle a Dios que nos ayude a vivir con integridad y fidelidad, a amar a nuestra familia.

Lee el Salmo 101.

Señor Jesús, reina en mi casa y ayúdame a amar y ser fiel a mi familia.

CÓMO TENER UNA FE IMPRESIONANTE

Al oír esto, Jesús se asombró y dijo a quienes lo seguían:
—Les aseguro que no he encontrado en Israel
a nadie que tenga tanta fe. (Mateo 8:10)

Jesús expresó a todos su admiración por la fe del centurión. Le había pedido que sanara a su siervo, algo que cualquiera puede pedir, pero demostró su fe al decirle: «Di la palabra, y mi siervo sanará». No solo creía que Jesús podía sanar a la distancia, sino que creía que la palabra de Jesús era mucho más poderosa que la enfermedad de su siervo.

Y es así. Nuestra vida se sostiene por la Palabra de Dios, por nuestra confianza en lo que Él dice y hace, y no por las cosas que hacemos. Cuando aprendemos que nuestra fe puede descansar en las promesas que Dios nos da, todo cambia. Las circunstancias pueden ser crueles y nuestra situación parecer desesperada, pero basta una palabra del Maestro para cambiarlo todo.

Eso es lo que Pedro entendió cuando le dijo a Jesús un día: «En tu nombre, echaré la red». La pesca fue abundante, porque el nombre de Jesús lo transforma todo. Necesitamos aprender a creer y confiar en todo lo que Él dice.

Lee Mateo 8:5-13.

Señor Jesús, te entrego esta situación. Confío en tu palabra.

LA MEJOR MANERA DE EVANGELIZAR

Muchos de los samaritanos que vivían en aquel pueblo
creyeron en él por el testimonio que daba la mujer:
«Me dijo todo lo que he hecho». (Juan 4:39)

Todos recordamos el momento en el que Jesús se encuentra con la mujer samaritana y transforma su vida. Casi siempre creemos que la historia termina ahí, cuando aquella mujer se encuentra con el Salvador. Pero el evangelista dice que, cuando lo conoció, no pudo quedarse callada y fue a donde estaban todos los que la conocían y les hablo del Señor. Cuando esas otras personas se encuentran con Jesús, dijeron algo realmente impresionante: «Ahora creemos no solo por lo que tú nos has dicho, sino porque también lo hemos visto a Él». Esta frase define la mejor manera de evangelizar, la más sencilla, la más bonita y la más directa: decirles a todos lo que el Señor Jesús ha hecho por nosotros. Es entonces cuando los que oyen lo pueden conocer, porque es Él el único que puede transformar nuestras vidas.

De modo que, sencillamente, cuéntale a los demás lo que Jesús ha hecho por ti, llévalos a Él y se encargará de todo. Creerán por lo que han visto en ti; sobre todo porque ahora lo ven reflejado Él.

Lee Juan 4:39-42.

Señor Jesús, ayúdame a contarles a todos lo que tú has hecho por mí.

BONDAD INFINITA

¿O te da envidia de que yo sea generoso?
(Mateo 20:15)

Cada vez que leo la historia que Jesús contó sobre el hombre que contrató a varios obreros para trabajar en su viña, me quedo pensando en la frase que les dijo a aquellos que se enfadaron con él por pagarles más a los que habían trabajado menos: «¿Te enfadas conmigo porque soy bueno?».

No podemos comprender la bondad de Dios, porque siempre creemos que Él nos debe algo; tampoco podemos hacerlo porque solemos ser egoístas y nuestra bondad siempre tiene algo escondido. Algunos tienen la idea de que Dios es como un padre que jamás agradece, que nunca nos anima y que siempre está esperando que hagamos algo mal para castigarnos.

Dios no es así. Él es bueno de una manera infinita. No tiene que hacer ningún esfuerzo para amarnos y, desde luego, jamás debemos enfadarnos por Su bondad. A veces, en nuestra religiosidad nos encantaría que Dios fuera diferente, pero de esa manera jamás nos sentiríamos bien cuando estemos en Su presencia. Él es amor infinito y Su gracia es lo que transforma nuestra vida, lo que nos llena por completo. Mejor sería que aprendiéramos a disfrutar de Su bondad.

Lee Mateo 20:1-16.

Padre nuestro que estás en los cielos, muchas gracias por tu amor y bondad. ¡Gracias por amarme tal como soy!

VIVIR SIN MIEDO

—Hombres de poca fe —les contestó—,
¿por qué tienen tanto miedo? (Mateo 8:26)

Todos hemos escuchado esa frase en muchas ocasiones, la misma que Jesús les dice a Sus discípulos: «¿Por qué tienen miedo, hombres de poca fe?». Suena a reproche, pero tenemos que comprender lo que el Salvador quiere que aprendamos. Los discípulos estaban en medio de una tempestad y Él estaba dormido en la barca con ellos, como si nada le importara, así que lo despertaron. Lo despertaron porque tenían miedo, creían que iban a morir. Por eso, el Señor les hace esa pregunta. No confiaban en que, aun estando Él dormido, nada les iba a pasar porque Dios cuidaba de ellos, aunque aparentemente dormía.

Todos necesitamos comprender que, aunque a veces Dios parezca no responder a nuestras oraciones, estamos en Sus manos y ninguna tempestad puede vencernos. Jesús tuvo que recriminarles a Sus discípulos (¡y a nosotros!) por creer que algo malo puede pasar simplemente porque Él duerme.

Descansa en el Señor. Él está en *tu barca* y la tempestad no va a derrotarte. Aunque creas que Él duerme, sigue cuidándote.

Lee Mateo 8:23-27.

Señor Jesús, gracias por cuidarme. Fortalece mi fe para darme cuenta de que no me vas a abandonar nunca.

¡NO HAN CONSEGUIDO VENCERNOS!

Mucho me han angustiado desde mi juventud,
pero no han logrado vencerme. (Salmo 129:2)

Conforme van pasando los años, parece que algunas frases de los salmos tienen más sentido para nosotros. El salmista asegura haber pasado muchas angustias, pero nunca han conseguido vencerlo. Seguro que muchos de nosotros podríamos asegurar lo mismo. ¿No es verdad?

Todos recordamos momentos difíciles, situaciones por las que hemos pasado y que no supimos cómo resolver, días en los que hemos tenido que luchar duro para seguir adelante y momentos en los que no hemos tomado buenas decisiones. Pero estamos aquí, gracias a Dios, y esos momentos difíciles no han conseguido vencernos, porque Él siempre ha estado con nosotros. Eso nos da confianza en cuanto al futuro; ocurra lo que ocurra; vengan las situaciones que vengan; Dios va a seguir con nosotros.

No podemos desanimarnos, debemos seguir firmes. Sea cual sea la situación que tengamos que enfrentar, no va a vencernos. Incluso pueden aparecer muchos queriendo angustiarnos y pretendiendo empujarnos a la desesperación, pero no nos importa en absoluto, no tenemos miedo. Nadie va a vencernos.

Dios nos cuida siempre.

Lee el Salmo 129.

Padre nuestro que estás en los cielos, gracias por haberme cuidado siempre, y porque vas a seguir haciéndolo. Mi futuro está en tus manos.

SIN COMPROMISO

Así que Salomón hizo lo que ofende al Señor y no permaneció fiel a él como su padre David. (1 Reyes 11:6)

A todos nos impresiona la historia del rey Salomón: había sido escogido por Dios para gobernar sobre el pueblo. Sin embargo, hemos leído que no permaneció fiel al Señor, que no se comprometió por completo con Dios.

Salomón era el hombre más sabio y más rico de la tierra y todos lo admiraban. Dios le había regalado todo el poder que jamás hubiera podido imaginar; pero nunca se comprometió totalmente con el Señor. No solo adoró a otros dioses, sino que hizo caer al pueblo en la idolatría.

Tenerlo todo, saberlo todo, quererlo todo y ser admirado siempre no son la clave de la vida. Lo es vivir comprometido con el Señor y serle fiel. No dejar absolutamente nada fuera de Su alcance, sino comprometer toda nuestra vida y todo lo que somos y hacemos por Él y para Él. Así es vivir una vida con sabiduría y que valga la pena.

Lee 1 Reyes 11:1-8.

Padre nuestro que estás en los cielos, ayúdame a serte siem-pre fiel. No quiero hacer nada que me aleje de ti.

DIOS ME DIJO...

Las ovejas lo siguen porque reconocen su voz.
(Juan 10:4)

Jesús anunció que Él es el Buen Pastor, quien entrega Su vida por las ovejas y las cuida. Siempre me llamó la atención la frase que dice que las ovejas reconocen Su voz, por eso, no siguen a nadie más.

Puede parecer algo obvio, pero es una tentación en la que muchos suelen caer. Pensamos que la gente tiene que seguirnos o que nosotros debemos seguir a otros cuando dicen «el Señor dice tal cosa» o «Dios me reveló que tienes que hacer esto o aquello» o «esta es la verdadera interpretación de lo que Jesús dice», etc. Así han sido engañadas muchas personas por largo tiempo.

La única voz que toca nuestro corazón y que restaura nuestra vida es la voz del Señor Jesús. El único que fue a una cruz y resucitó por nosotros es Él. Por ello, tenemos que llegar a conocer tanto Su voz y Sus palabras, de modo que nadie pueda engañarnos.

Cuando lo conocemos y lo amamos a Él de esa manera, todo tiene sentido.

Lee Juan 10:1-10.

Señor Jesús, quiero conocerte cada día más. Quiero escuchar tu voz siempre.

¡AGUAFIESTAS!

Pero era necesario hacer fiesta y regocijarnos.
(Lucas 15:32, NBLA)

Una de las cosas que más me ha impresionado siempre en la conocida historia de la parábola del hijo pródigo, es que el padre dice que «era necesario hacer fiesta».

Los escribas y fariseos, los maestros de la ley en aquella época, decían que había alegría en el cielo cuando un pecador recibía su merecido y era castigado por sus pecados. Sin embargo, Jesús les dice que eso está muy lejos del corazón de Dios, que solo hay gozo en el cielo cuando un pecador se arrepiente, cuando vuelve a Dios.

Desafortunadamente, el corazón del *hermano mayor* sigue presente en muchos maestros, pastores, escritores, etc., en la actualidad. No comprenden que Dios diga que es necesario hacer fiesta porque alguien vuelve a Él. Por eso, el Señor lo dejó muy claro en la parábola: «Este mi hijo, había sido perdido y es encontrado. Estaba muerto y ha vuelto a la vida». ¡Por eso es necesario hacer fiesta! Esta es la razón por la que el cielo se alegra.

Yo no sé lo que prefieres, si quieres estar en la fiesta y entrar en la alegría de Dios o hacerles caso a los aguafiestas, por muy espiritual que suene lo que ellos dicen.

Lee Lucas 15:25-32.

Padre nuestro que estás en los cielos, enséñame a disfrutar de tu gracia para alegrarme contigo siempre.

EL FRUTO DEL SUFRIMIENTO

Y todo el que da fruto, lo poda para que dé más fruto.
(Juan 15:2)

Jesús dice que Él es la vid y nosotros los pámpanos. Esto lo comprendemos muy bien porque sabemos que dependemos de Él en todo. Lo que después ya no nos gusta tanto es que Él tenga que limpiarnos para que llevemos más fruto. A nadie le gusta sufrir; preferiríamos no ser podados cada temporada y seguir con una vida más normal y tranquila.

La cuestión es que solo a través de la poda es la única manera en la que podemos dar fruto en nuestra vida y en la de los demás. No es que Dios quiera que suframos, pero lo permite para que nos parezcamos cada vez más a Su Hijo. Jesús fue la persona que más sufrió a lo largo de toda la historia de la humanidad. Fue el profeta Isaías quien anunció «Verá el fruto de la aflicción de su alma y quedará satisfecho» (53:11).

Aunque cuando sufrimos nos parezca difícil de creer, eso es lo que sucederá también un día: veremos el fruto que hemos dado para el Señor y entonces nos daremos cuenta de que todo habrá valido la pena.

Lee Juan 15:1-9.

Padre amado, fortalece mi vida, ayúdame en los momentos más difíciles para que yo también pueda ayudar a otros.

LA FORTALEZA
DEL INCRÉDULO TOMÁS

Ocho días después, Sus discípulos estaban otra vez
dentro, y Tomás con ellos. (Juan 20:26, NBLA)

Todos recordamos el momento en el que Jesús se les aparece a Sus discípulos después de haber resucitado (Tomás no estaba entre ellos). Más tarde, le cuentan a Tomás y dice: «Si no pongo mis manos en sus heridas y no lo veo, no voy a creerlo». Pocos días después, Tomás ya estaba junto con los discípulos. Entonces el Señor le dijo: «Tomás, mira mis manos, extiende tu mano y ponla en mi costado», y él respondió: «Señor mío y Dios mío».

De este momento podemos extraer dos lecciones muy importantes. La primera, Tomás, en lugar de abandonar su fe, siguió creyendo y andaba con los discípulos. La segunda lección es que ellos no dejaron de confiar en Tomás. A pesar de que no había creído, le abrieron las puertas.

Tales lecciones son muy importantes en la actualidad, porque a veces no creemos y necesitamos seguir adelante, no desistir de nosotros mismos ni abandonar nuestra fe. Pero también necesitamos que los demás nos sigan apoyando y creyendo en nosotros. Por eso, es importante que también nosotros creamos en los demás y los ayudemos, porque Jesús siempre quiere restaurar nuestra vida.

Lee Juan 20:24-29.

Señor Jesús, sigo creyendo en ti, ayúdame en mi debilidad. Dame fuerzas para poder ayudar a otros también.

¿CUÁNTO ME AMAS?

*Tan grande es su amor por los que le temen
como alto es el cielo sobre la tierra.* (Salmo 103:11)

¿Cuántas veces hemos hecho esta pregunta desde que éramos niños?: «¿Cuánto me amas?» ¡Y cuántas veces la hemos hecho cuando estamos enamorados! Siempre esperamos que alguien nos ame de una manera extraordinaria.

En el Salmo 103 Dios afirma que Su amor va más allá de lo que podamos imaginar: «Mi amor por ti es tan grande, como grande es el universo». Así debemos entenderlo cuando nos dice que es tan alto como el cielo sobre la tierra. Eso sí que es impresionante.

Vivimos en una galaxia que no se puede recorrer si no es a través de miles de millones de años luz. Sabemos que hay millones de galaxias como la nuestra, de manera que nadie puede definir lo grandioso que es el universo. ¡Así es el amor de nuestro Dios! Él nos lo da absolutamente todo. La Biblia y la historia dan pruebas de eso. De hecho, nos dio lo más querido que tenía, Su propio Hijo, el Señor Jesús. Podemos dudar de cualquier cosa en esta vida, pero jamás del amor de Dios.

Lee el Salmo 103.

Padre celestial, ¡muchas gracias por tu amor! No quiero dejar pasar un solo día sin agradecértelo y disfrutarlo. Te amo.

DIOS NO NOS DEJA MORIR

Porque grande es tu amor por mí: me has librado
de caer en el sepulcro. (Salmo 86:13)

Todos pasamos por momentos difíciles en la vida. Enfermedades, situaciones que no comprendemos, sufrimiento, incomprensión, momentos en los que creemos que estamos solos, incluso días en los que creemos que la muerte nos acecha y parece no haber solución. Es entonces cuando debemos recordar lo que el salmista canta: «Tanto me amas que no me dejas morir».

Podemos atravesar situaciones difíciles, pero tal como Pablo decía, para nosotros el morir es ganancia. No tanto porque nos guste la muerte, sino porque ella no tiene ningún poder sobre nosotros.

El amor de Dios es extraordinario y nos cuida siempre. Incluso en el momento cuando llega la muerte, Dios nos dice que será como «un abrir y cerrar de ojos», porque en ese mismo momento estaremos con Él. ¡Nos ha regalado una vida que dura toda la eternidad!

Podemos disfrutarla desde ahora y saber que Él nos ama tanto que no deja que la enfermedad, la muerte, las dificultades o cualquier tipo de situación que aparezca pueda vencernos.

Lee el Salmo 86:11-17.

Padre eterno, gracias por tu amor. Muchas gracias por cuidarme siempre, ahora y por toda la eternidad.

EL PASTOR MÁS EXTRAORDINARIO

Buscaré a las ovejas perdidas, recogeré a las extraviadas,
vendaré a las heridas y fortaleceré a las débiles.
(Ezequiel 34:16)

Hay ocasiones en la vida en las que enfrentamos situaciones donde no sabemos qué hacer ni qué va a suceder más adelante. En otras ocasiones, nos sentimos heridos y, más de una vez, nos faltan fuerzas para seguir adelante. Buscamos dónde encontrar alivio, descanso, cuidado y protección, pero, en apariencia, no tenemos a dónde ir. Esto es porque no buscamos al único que puede restaurar nuestra vida, nuestro Pastor con mayúscula.

El profeta Ezequiel anuncia la promesa de Dios para cada uno de nosotros: «Aquel que no sepa a dónde ir, yo lo guiaré», dice Dios, «al que se haya perdido en el camino, iré a buscarlo; todo aquel que esté herido, curaré sus heridas; y multiplicaré las fuerzas del que se sienta débil».

Ese es nuestro Dios. Él nos ayuda en todas las situaciones de nuestra vida, sea cual sea el momento por el que estemos pasando. Él se preocupa por cada persona en el mundo como si fuera la única, porque tiene el poder, la capacidad y el amor para hacerlo.

Descansa en los brazos del Señor, ese es el mejor lugar del universo.

Lee Ezequiel 34:11-16.

Señor Jesús, tú eres mi pastor. Descanso en ti; quiero hablarte acerca de…

VIVIENDO ENTRE LA FE Y LAS DUDAS

Jesús le dijo: Ve, tu hijo vive. Y el hombre creyó la palabra que Jesús le dijo, y se fue. (Juan 4:50, RVR60)

Un oficial, cuyo hijo estaba enfermo, vino a pedirle ayuda a Jesús, y Él le contestó: «Ve a tu casa, tu hijo vive». No sé qué habríamos hecho nosotros, pero aquel hombre creyó en el Señor y se fue camino a casa. A mí me parece que su fe era impresionante, porque quizá no volvería a ver a Jesús y pudo haber pensado si estaba haciendo bien o no. Sea como fuere, el camino a casa debió parecerle una eternidad.

El evangelista dice que aún no había llegado a casa, cuando vino alguien para decirle «tu hijo vive», lo que certificaba que el milagro se había producido a la hora exacta en la que Jesús se lo había anunciado. Dios supo premiar esa fe extraordinaria para que antes de llegar, ya supiera que su hijo estaba vivo.

Creo que el relato es una parábola de nuestra vida: estamos en el camino, dando un paso de fe y confiando en el Señor, pero muchas veces no sabemos lo que va a suceder. Sin embargo, el Señor nos dará pruebas para que comprobemos que Él nos cuida y que Él sabe el final de todas las cosas.

De modo que si estás en medio del camino, continúa con fe y espera que Dios siga hablándote, porque Él te cuida siempre.

Lee Juan 4:48-53.

Padre amado, fortalece mi confianza en ti y ayúdame a saber escucharte siempre.

ALCANZANDO LO IMPOSIBLE

Jesús se quedó mirando a todos los que lo rodeaban,
y le dijo al hombre: —Extiende la mano. Así lo hizo,
y la mano le quedó restablecida. (Lucas 6:10)

Jesús se encontró con un hombre que tenía la mano derecha paralizada, por lo que en aquellos tiempos era considerado un inútil porque no podía trabajar. Lo único que hacía era mendigar en la calle, extender su mano sana para recibir una limosna. Cuando el Señor lo puso en medio de todos le dijo: «Extiende tu mano». Podría parecernos una orden muy simple y, seguramente, lo primero que este hombre pensaría sería extender la mano sana para que el Señor le diera una limosna, tal como estaba acostumbrado a hacer. Pero no fue así, lo que hizo fue extender la mano que tenía enferma, aquella que nunca había podido mover, y el Señor Jesús lo curó.

Tal decisión del enfermo me hacer pensar en lo que Dios nos pide a nosotros. Cuando nos dice «extiende tu mano», decidimos si queremos una *limosna* de parte de Dios o si esperamos a que haga *algo imposible*.

Tenemos que entregar al Señor todo lo que en nuestra vida está mal, aquello que es nuestra mayor debilidad, lo que nos ata y esclaviza. Si no lo hacemos así, quizá solo estamos esperando una limosna de Él y no que haga un milagro con nosotros.

Entrega todas tus debilidades al Señor y espera que haga algo absolutamente extraordinario.

Lee Lucas 6:1-11.

Señor Jesús, extiendo mi mano, te entrego toda mi debilidad para que tú me transformes por completo.

CUANDO NECESITAMOS QUE HAYA JUSTICIA

La ira humana no produce la vida justa que Dios quiere.
(Santiago 1:20)

En la carta de Jacobo, el hermano del Señor, conocida como Epístola de Santiago en nuestras biblias, hay una frase que explica de manera directa los problemas que se ocasionan cuando nos enfadamos; dice «La ira del hombre no da lugar a la justicia de Dios».

En muchas ocasiones, cuando nos airamos, no podemos perdonar a los demás; lo único que buscamos es vengarnos por lo que nos han hecho y castigar a quienes nos han ofendido. Cuando obramos así, no permitimos que Dios haga justicia, porque la ejercemos nosotros.

El problema es que nuestra justicia siempre es imperfecta y, por si fuera poco, con nuestra venganza siempre hacemos más daño a los demás. Ese es el motivo por el que debemos aprender que si alguien nos ha perjudicado de tal modo que es motivo de denuncia, hay que hacerlo e ir a los tribunales de justicia; pero si no es así, y de lo que se trata es de palabras o actitudes, tenemos que aprender a tener control en medio del enojo y no pensar en castigos ni venganzas contra nadie. De no ser así, no estaríamos permitiendo que sea Dios quien imparta justicia. Y su justicia siempre es perfecta; descansa en Él.

Lee Santiago 1:19-25.

Padre eterno, mira lo que ha sucedido en esta situación. Dejo todo en tus manos y descanso en tu justicia.

UNA PROTECCIÓN ÚNICA

Allí los tienen, sobrecogidos de miedo,
pero Dios está con los que son justos. Ustedes frustran
los planes de los pobres, pero el Señor los protege.
(Salmo 14:5-6)

La Biblia es el libro más actual, sin duda. Muchos de los versículos del Antiguo Testamento dan la impresión de que fueron escritos esta misma mañana. La frase que acabamos de leer está dirigida a los poderosos, a los que tienen dinero, a aquellos que tienen el poder y se creen los dueños de la humanidad. Dios les avisa que, aunque ellos frustren los planes de los pobres y los llenen de miedo, Dios los protege. Así de sencillo.

En muchas ocasiones no sabemos qué hacer ante todas las injusticias que se cometen en este mundo. Siempre debemos seguir luchando contra ellas, pero, además, tenemos que aprender a ver lo que hay detrás de todo eso: Dios está protegiendo no solo a sus hijos, sino a aquellos que no tienen nada, ni tienen quien los ayude.

Un día, Dios va a establecer Su justicia. Entonces, los poderosos, por mucho que hayan desbaratado los planes de los humildes, ya no tendrán razón de ser. Dios tiene la última palabra siempre.

Lee el Salmo 14.

Señor Dios todopoderoso, gracias porque podemos confiar en ti aun en medio de todas las injusticias. Ayúdanos a ser justos nosotros también.

ERES UNA CREACIÓN EXTRAORDINARIA

¡Te alabo porque soy una creación admirable!
¡Tus obras son maravillosas, y esto lo sé muy bien!
(Salmo 139:14)

Nunca en la historia de la humanidad las personas habían tenido tantos problemas de autoestima. Es normal, pues si pensamos que Dios no existe, nada tiene sentido, ni siquiera nuestra vida; simplemente somos accidentes naturales. Eso ha hecho que muchos busquen su valor en lugares equivocados: en las posesiones materiales en lo que pensarán los demás, en los logros obtenidos, etc.

Sin embargo, lo que nos hace ver nuestro valor es conocer lo que piensa el Creador. El rey David dice: «Soy tu creación maravillosa, por eso, te doy gracias».

Cuando nos acercamos al corazón de Dios, nos damos cuenta de que para Él somos absolutamente impresionantes. Por eso, le damos gracias. Nunca somos más nosotros mismos que cuando estamos en los brazos de nuestro Creador. Eres realmente tú mismo o tú misma cuando honras a Dios.

Vuelve a encontrarte con Dios y sabrás quién eres. Cuando estás en el corazón de Dios te das cuenta de que eres realmente admirable.

Lee el Salmo 139:13-18.

Padre amado, gracias por haberme hecho como soy. Gracias porque a tus ojos soy admirable. ¡Enséñame a vivir de esa manera!

SIN AMENAZAS

*Cuando proferían insultos contra él,
no replicaba con insultos; cuando padecía,
no amenazaba, sino que se entregaba a aquel
que juzga con justicia.* (1 Pedro 2:23)

Debo reconocer que cada vez que leo lo que la Palabra de Dios dice sobre cómo vivió el Señor Jesús, más me asombra y más lo amo. Las dos cosas.

Pedro vio cómo abofeteaban, insultaban, escupían, golpeaban y azotaban a Jesús sin que Él dijera absolutamente nada. Jesús tenía todo el derecho no solo a amenazar, sino a vengarse porque Él es el Rey de reyes y el Señor de señores, pero no lo hizo. Lo estaba soportando todo por ti y por mí. Entregó su vida por amor a nosotros.

Mucho tenemos que aprender de Él, porque, a veces, cuando sufrimos o cuando alguien comete una injusticia contra nosotros, enseguida pensamos «verás cómo te va a ir», pero como cristianos no podemos vivir así. Jamás debemos amenazar, sino dejar que aquel que juzga justamente sea el que tenga la última palabra. Mientras tanto descancemos en nuestro Padre celestial y aprendamos de nuestro Maestro: tal como Él nos bendice, nosotros debemos reaccionar bendiciendo a los demás.

Lee 1 Pedro 2:19-25.

Padre nuestro que estás en los cielos, tú sabes la situación por la que estoy pasando. Dejo todo en tus manos. Dame fuerzas para seguir adelante y descansar en ti.

DIOS SE ENCARIÑÓ CONTIGO

El Señor se encariñó contigo y te eligió,
aunque no eras el pueblo más numeroso,
sino el más insignificante de todos. (Deuteronomio 7:7)

Siempre digo que es imposible comprender el amor de Dios, sino solamente podemos disfrutarlo. A veces, puede parecer que Su amor no obedece a la razón, pero recuerda que de la misma manera nosotros nos encariñamos y amamos a nuestros hijos. No por ninguna otra causa, sino por el hecho de que son nuestros hijos.

A menudo nos creemos insignificantes, pensamos que no podemos hacer nada o que no somos tan importantes como otras personas. Quizá nuestra vida parezca tener muy poco sentido, pero debemos recordar que eso nunca es cierto. Dios se encariñó contigo. ¿Sabes por qué? Porque te ama. Ese es el motivo: Su propio carácter es la base de tu seguridad. Puedes vivir confiando siempre en tu Creador, porque Su fidelidad es infinita y eterna; de la misma manera que el amor de Dios por ti es infinito y eterno.

Lee Deuteronomio 7:1-8.

Padre amado, gracias por amarme sin ninguna razón aparente. Gracias porque tú eres la razón de todo.

VENCIENDO LOS MALOS DESEOS

Tienen sin duda apariencia de sabiduría, con su afectada
piedad, falsa humildad y severo trato del cuerpo,
pero de nada sirven frente a los apetitos de la naturaleza
pecaminosa. (Colosenses 2:23)

Cuando Pablo le escribe a los colosenses, les dice que tengan cuidado con muchas personas que aparentan religiosidad, pero que siguen una falsa humildad y también un dominio del cuerpo que no es real. Esas suelen ser señales de aquellos que quieren hacerse pasar por buenos, por religiosos o incluso por personas inteligentes que usan sus propios pensamientos como fuente de tranquilidad vital, pero ¿sabes cuál es el problema? No son capaces de vencer sus malos deseos.

Vivimos en una sociedad que parece querer volver a las religiones y filosofías milenarias que proponen el completo dominio del carácter a través de la meditación trascendental, la búsqueda de paz interior y otras actividades similares, pero sin cambiar nada en absoluto en la vida. Es probable que una actividad determinada pueda traer una paz momentánea, pero no una seguridad permanente, porque siempre tendremos deseos dentro de nosotros que no podremos vencer. Solo el Éspíritu de Dios puede cambiarnos y llenar nuestra vida.

Si quieres que tu vida sea transformada y no solo conseguir una paz momentánea, sino poder vencer los malos deseos, confía en el Espíritu de Dios.

Lee Colosenses 2:17-23.

Santo Espíritu, llena mi vida y transfórmala para que nada ni nadie pueda vencerme.

FE, ESPERANZA Y AMOR

*Los recordamos constantemente delante
de nuestro Dios y Padre a causa de la obra realizada
por su fe, el trabajo motivado por su amor,
y la constancia sostenida por su esperanza en nuestro
Señor Jesucristo.* (1 Tesalonicenses 1:3)

Cuando Pablo escribe a los tesalonicenses, los alaba por las tres características esenciales en la vida cristiana: la fe, la esperanza y el amor. Cada vez que hablamos de esas cualidades parecen sonar a algo muy espiritual, pero el apóstol las define de una manera tan vívida que nos ayuda a comprender lo que Dios hace a través de nosotros en el día a día.

La fe bíblica es una fe que obra; el amor bíblico es un amor que trabaja; y la esperanza bíblica es constante, esto es, una esperanza que no admite el desánimo. ¡Ahora todo suena mucho más real!

Nuestra fe siempre tiene que obrar para evidenciar que realmente creemos. Nuestro amor tiene que trabajar porque esa es la expresión de la gracia: ayudar a los demás. Y nunca debemos desanimarnos, porque la esperanza en el Señor

Jesús es lo que marca nuestra vida, pues descansamos en Su fidelidad.

Por eso, cuando vivimos con una fe que obra, un amor que trabaja y una esperanza constante, transformamos el mundo.

Lee 1 Tesalonicenses 1:1-10.

Señor Jesús, esperamos en ti, confiamos en ti; te amamos y vivimos siempre siguiendo tus pasos.

CÓMO VENCER EN LA PELEA

*Honroso es al hombre evitar la contienda, pero no hay
necio que no inicie un pleito.* (Proverbios 20:3)

Siempre me gustó leer el libro de Proverbios, porque sus
frases son directas, sencillas y radicales: no hay lugar
para la duda o el engaño. Algunas de ellas, como la de
nuestra versículo principal, penetran en lo más profundo
de nuestra mente de tal modo que resultan abrumadoras.
Parafraseando la frase, podríamos decir que «cualquier tonto
inicia una pelea, pero el que la evita merece un aplauso».

¡Deberíamos recordarlo siempre! A veces nos enfadamos
por cualquier cosa e iniciamos una pelea con tal de tener
razón: en el trabajo, con los vecinos, defendiendo nuestras
opiniones, el conducir el auto, incluso con nuestra propia
familia. Tal pareciera que no podemos vivir sin enfadarnos
con alguien.

Dios nos dice que quien es capaz de evitar los pleitos,
merece un aplauso: esa es la persona verdaderamente sabia,
la que siempre vence, la que no se deja arrastrar.

Necesitamos aprender a vivir de forma diferente, sin preocuparnos tanto por nuestras razones, sino procurar amar e intentar reconciliar a las personas. Cuando evitamos una pelea, merecemos que nos aplaudan.

Lee Proverbios 20:1-7.

Espíritu Santo, lléname de ti para que pueda traer siempre paz en las relaciones. Ayúdame a amar y a bendecir.

LA IMPORTANCIA DE AYUDAR CON ALEGRÍA

Si es el de mostrar compasión, que lo haga con alegría.
(Romanos 12:8)

Todos los que amamos a Dios nos parecemos a nuestro Padre celestial: nos gusta ser compasivos y ayudar a los demás. Pablo dice que, además, debemos hacerlo con alegría; debemos estar entusiasmados con lo que estamos haciendo.

A veces decimos que tenemos que dar a otros «hasta que nos duela», pero esa no es una buena actitud ni una buena motivación. Dios es *de corazón grande*, Él da a todos de una manera radical y lleno de alegría, porque a Él le encanta dar, le encanta bendecir. Vive derrochando Su amor y Su gracia de tal manera que es incomprensible para nosotros. Recuerda que el mismo Señor Jesús enseñó que es mejor dar que recibir.

Así tenemos que ser. Cuando ayudamos, cuando servimos, cuando damos, cuando nos ofrecemos a los demás para expresar nuestra compasión y el amor de Dios lo hacemos siempre con alegría, con el mejor humor del mundo. Para los hijos de Dios, bendecir a otros es una bendición.

Lee Romanos 12:1-10.

Padre bendito, enséñame a dar y a bendecir siempre con alegría. Quiero parecerme más a ti cada día.

¡NO PIERDAS LA ESPERANZA!

Pero el necesitado no será olvidado para siempre,
ni para siempre se perderá la esperanza del pobre.
(Salmo 9:18)

Dios nos ama a todos de una manera entrañable y eterna. Él no tiene favoritos ni distingue a las personas por su posición, su lengua, su nación o su trasfondo. Sin embargo, al leer la Biblia entendemos que tiene una atención especial hacia aquellos que están solos, desalentados, despreciados, hacia los que no tienen nada, hacia quienes necesitan ayuda. Quizá por el simple hecho de que nadie les presta atención.

La promesa que hemos leído en el pasaje de hoy es impresionante y debemos hacerla nuestra. Dios no se olvida de nosotros cuando sentimos necesidad, estamos mal o nos sabemos despreciados porque nadie se preocupa de cómo estamos. Dios promete que la esperanza de los que no tienen nada siempre será firme.

No te preocupes nunca de lo que pueda suceder en el mundo o de lo que otros puedan hacer, porque la firmeza de tu esperanza está en el carácter de Dios. Él es quien te garantiza que va a cuidar de ti.

Lee el Salmo 9:13-20.

Padre celestial, sabes que estamos pasando por malos momentos debido a… Oramos y confiamos en ti, porque no nos abandonas nunca.

EXPERIMENTANDO
LO EXTRAORDINARIO

¿Tanto sufrir, para nada?
¡Si es que de veras fue para nada! (Gálatas 3:4)

Supongo que recuerdas que cuando Pablo les escribe a los gálatas, algunos de ellos estaban pensando en renunciar a todo lo que Dios les había dado y volver a su antigua esclavitud religiosa. En un momento, el apóstol les hace una pregunta directa: «¿Habéis experimentado cosas tan grandes para nada?».

Cuando llegan los momentos en los que las dudas nos atacan, solo tenemos que recordar todo lo que Dios ha hecho por nosotros, la manera en cómo ha transformado nuestra vida y lo ha cambiado todo, los milagros que ha hecho con nosotros y las situaciones en las que creíamos que estábamos vencidos y Él nos levantó. Debemos recordar cómo nos ha cuidado siempre y jamás abandonado, aun en los momentos de mayor sufrimiento.

Jamás debemos volver atrás. ¡Ni si quiera pensarlo! Lo que Dios ha hecho por nosotros es absolutamente impresionante. Hemos tenido miles de pruebas de Su amor en cada momento de nuestra vida y todo lo que hemos vivido no ha sido en vano.

Lee Gálatas 3:1-6.

Padre nuestro, gracias por tu cuidado y tu amor en todos los momentos de mi vida. Quiero seguirte siempre, ayúdame a ser fiel a ti en todo momento, pase lo que pase.

LAS LUCHAS DE LA FE

—Mi hija acaba de morir. Pero ven y pon tu mano sobre ella, y vivirá. (Mateo 9:18)

Un oficial de la sinagoga se acerca a Jesús y le dice la frase que hemos leído. Jesús le declara que va a ayudarlo, que simplemente tenga fe. Pero durante el trayecto a casa del oficial, pasan demasiadas cosas y la confianza de este hombre parece ser cada vez menor. No es simplemente que el tiempo vaya pasando, sino que Jesús se entretiene por el camino sanando a una mujer. Cuando llegan a la casa, todos creen que la situación es imposible de resolver. Incluso se burlan del Señor cuando dice que la niña «no está muerta, simplemente duerme». Es muy probable que la lucha interior de este padre haya sido tan intensa que ya no sabe qué creer. Pero en el instante en el que el Señor resucita a su hija, ese hombre se da cuenta de que Dios tiene poder para hacer lo que parece imposible.

La enseñanza para nosotros es que no debemos preocuparnos por lo que otros digan, por el ruido que hagan, incluso si se burlan de nosotros o del Señor. La última palabra siempre la tiene Él, y la última palabra de Dios siempre es para vida.

Lee Mateo 9:18-26.

Padre nuestro que estás en los cielos, gracias por estar a mi lado. Muchas gracias por fortalecer mi confianza en ti, incluso cuando todo parece no tener sentido.

ESCUCHANDO A DIOS

Pero cuanto más lo llamaba, más se alejaba de mí.
(Oseas 11:2)

Recuerdo cuando era adolescente y leí por primera vez esa frase del libro de Oseas. Parecía la definición perfecta de una persona rebelde. Se puede percibir el desaliento de la voz de Dios al decirle a Su pueblo: «Cuanto más los llamaba, más se alejaban de mí».

A veces vivimos así. Es curioso que, seamos creyentes o no, da la impresión de que entre más cosas Dios hace por nosotros (nos habla, nos cuida, nos abraza y escucha nuestros deseos), más nos alejamos. Él sigue ahí, siempre; pero vivimos como si no lo necesitáramos.

Cualquiera de nosotros habría abandonado a alguien que se comportara de esa manera. No le hablaríamos más o simplemente nos olvidaríamos de una persona tan ingrata. Afortunadamente Dios no es así, sigue llamándonos siempre. ¿Lo escuchas? Te está hablando, quiere abrazarte y llenar por completo tu vida.

Lee Oseas 11:1-4.

Padre amado, gracias por no abandonarme. Perdóname por haberme alejado en tantas ocasiones. Quiero vivir cada día de mi vida contigo. Te amo.